JN005142

プロトレーナーが本気で教える

完全
体幹教本

perfect core bible

木場克己 著
KOBA KATSUMI

日本文芸社

はじめに

新 体幹トレーニングで理想の体を作ろう

ダイエットや健康のために体幹を鍛えるとよい、と聞いたことはありませんか。体幹を強化しようと思う人は、まず胴体まわりだけを鍛えがちです。**しかし実は、体幹を強くするためには、胴体部分ばかりではなく、足腰といった下半身、足指や足裏の強さも大切なのです。**

かかしを思い浮かべてみてください。かかしは一本足ですが、しっかりと地に足をつけており、上半身のバランスを保って立っています。**かかしのような、下半身の力強さを兼ね備えた、体幹トレーニングが重要なのです。**これが今、目指すべき「新」体幹トレーニングです。

本書では、まずPART1で「体幹とは何か」といった基本的なことから紹介します。うれしい効果は、運動能力の向上、ダイエット効果、運動不足解消だけではありません。**肩こりや腰痛の予防、姿勢の矯正などの改善から、血流改善、腸内環境の調整、睡眠の質の向上まで、さまざまなメリットがあります。**

PART2は具体的なプログラムです。体幹を強くし、下半身の安定性を高め、足指や足裏を強くしましょう。**「柔軟性アップ」「運動不足解消」「ダイエット対策」「姿勢を正す」といった目的別の組み合わせ例も紹介します。**気になるものからはじめてみましょう。

また、**子供もシニアも体幹を鍛えると、よい効果があります。そのため、ジュニアとシニア向けのプログラムも用意しました。**ぜひ、家族みんなでチャレンジしてみてください。何歳からはじめても遅くはないのです。

本書を手にした皆さんが体幹力を上げて、体も心も元気で自分らしくパフォーマンスできるようになる、その一助となれば幸いです。

2023年10月

プロトレーナー　木場克己

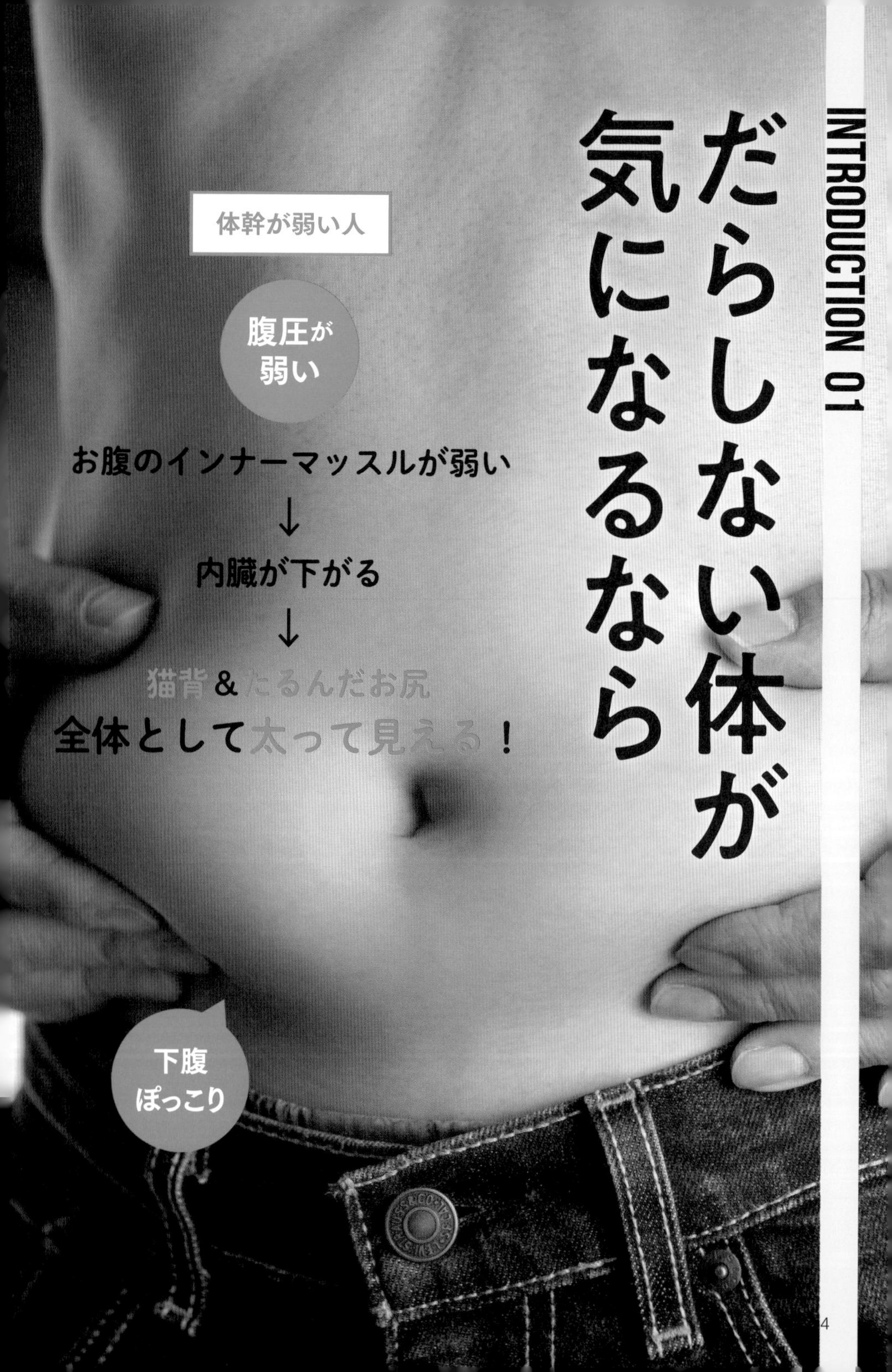

INTRODUCTION 01

だらしない体が気になるなら

体幹が弱い人

腹圧が弱い

お腹のインナーマッスルが弱い

↓

内臓が下がる

↓

猫背&たるんだお尻

全体として太って見える！

下腹ぽっこり

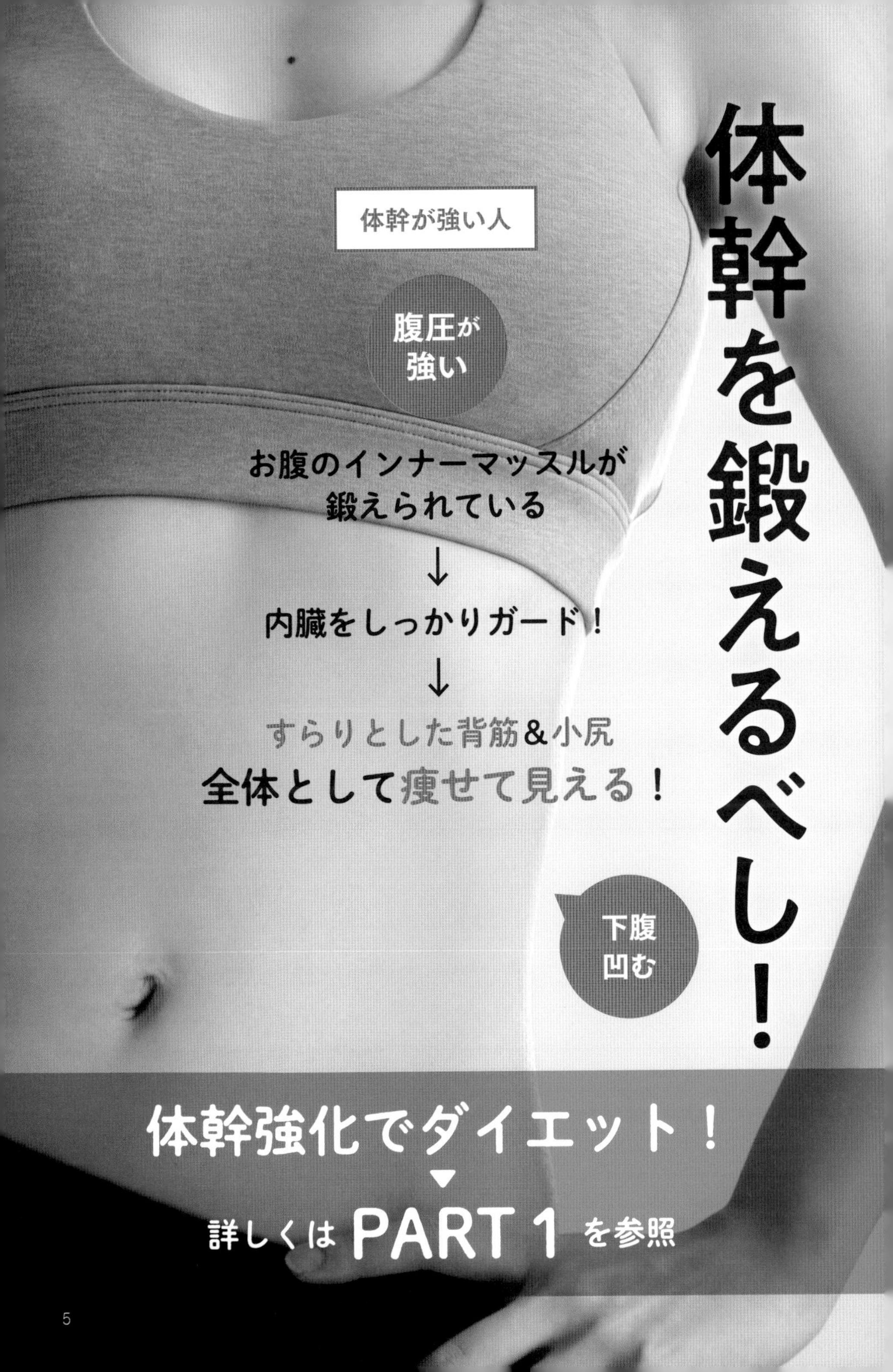

体幹を鍛えるべし！

体幹が強い人

腹圧が強い

お腹のインナーマッスルが鍛えられている

↓

内臓をしっかりガード！

↓

すらりとした背筋&小尻

全体として痩せて見える！

下腹凹む

体幹強化でダイエット！

▼

詳しくは PART 1 を参照

ることが大切なの?

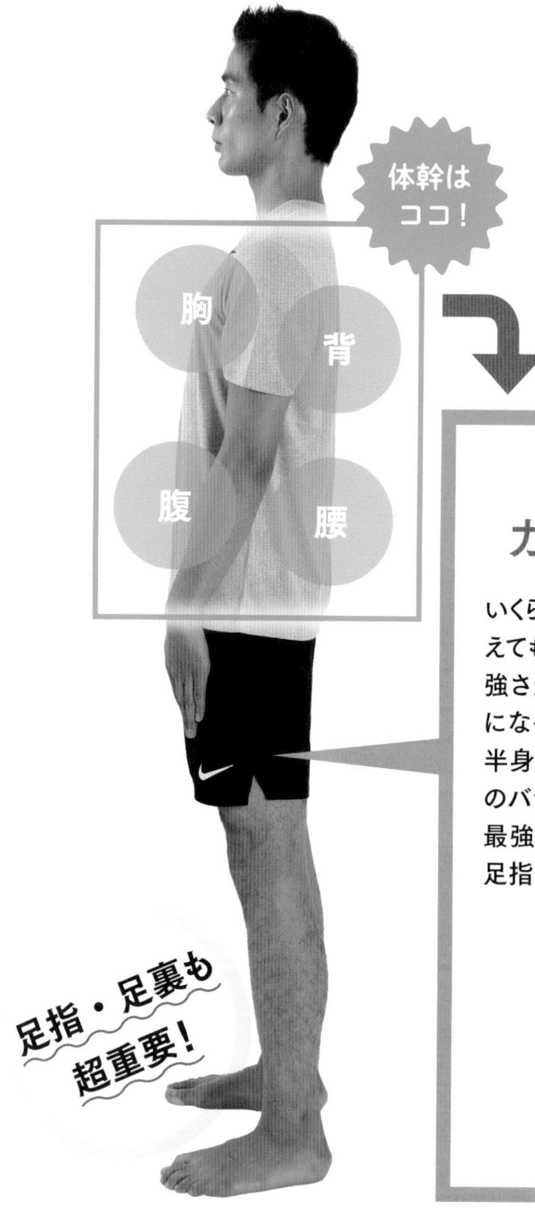

さらには!

下半身の力強さも大切!

いくら体幹(胴体まわり)を鍛えても、それを支える下半身の強さがないと、土台の弱い体になってしまう。土台となる下半身をしっかり鍛え、上半身とのバランス力を強化することで、最強の体ができ上がる。特に足指や足裏の強さは重要!

どうして体幹を鍛え

体幹が大切なワケ

1. 背骨や骨盤を正しく支える

体幹は頭、腕、脚以外の体の中心部＝胴体をさします。胴体が安定すると、腕や脚が本来の機能を果たすことができ、パフォーマンスを向上してくれます。つまり、体幹を鍛えてこそ、全身を無駄なく上手に動かすことができるのです。

2. 姿勢の改善を導き、健康を促進する

体幹の強化は、体幹を構成するお腹や背中の筋肉強化につながり、それが姿勢の矯正に結びつきます。ぽっこりお腹や肩こり、腰痛といった体の不調は、悪い姿勢が主な原因です。**体幹が強くなると、不健康の解消や見た目の若返りにもつながります。**

最強の体になるための
「体幹力」の鍛え方は

▼

PART 1・2 を参照

えれば9割解決する！

▶▶▶▶ 詳しくは PART 1 を参照

見た目年齢
+10歳

BAD…

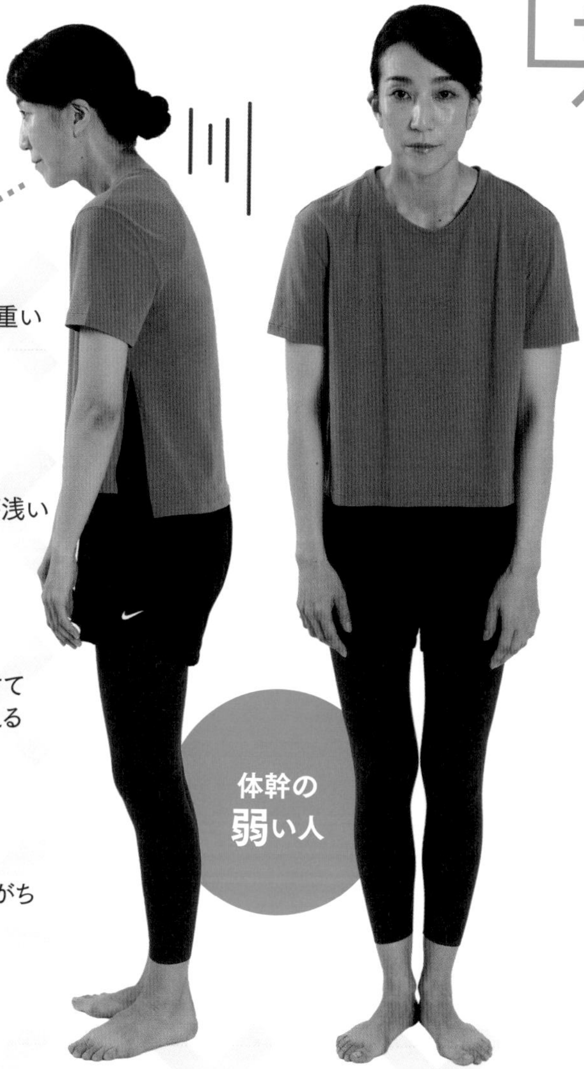

体が重い

眠りが浅い

老けて
見える

便秘がち

体幹の
弱い人

頭が
下がっている

猫背

肩こり

ぽっこり
お腹

太りやすい

血行不良

転びやすい

疲れやすい

体のお悩みは、体幹を鍛

体幹の弱さが万病を招く ▶▶▶

見た目年齢

-10歳

GOOD!

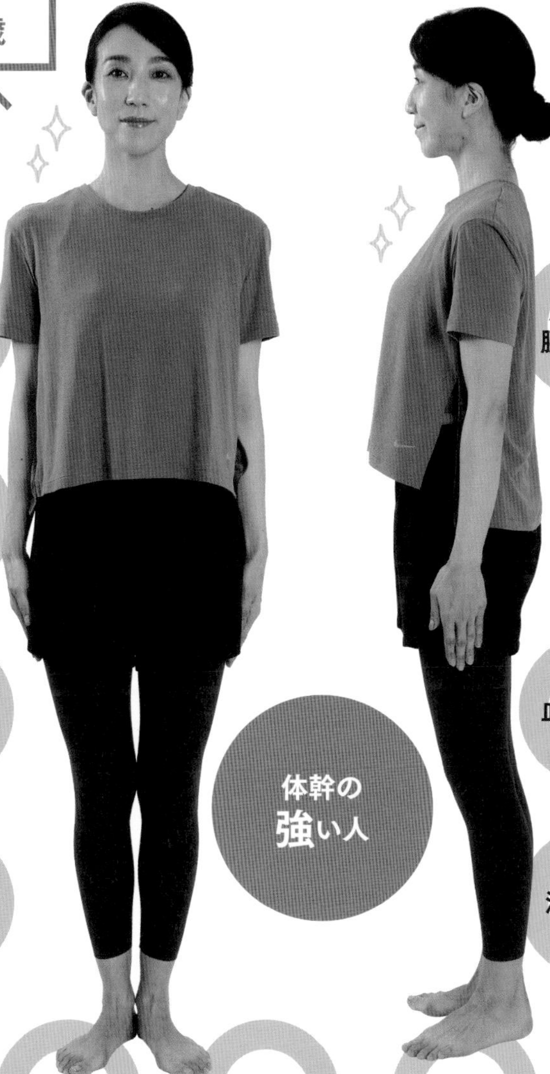

背筋ピン！

動きがスムーズ

お通じよし

ポジティブ思考

疲れにくい

太りにくい

体が軽い

深い眠り

血行改善

肩こり・腰痛解消

体幹の強い人

シニアにも必要

▶▶▶▶ 詳しくは PART 3 を参照

**転びにくい体を作り
自分の脚でずっと歩ける**

「年をとったから出かけるのがおっくう」などの理由による、**筋力低下＝サルコペニアが問題となっています。**足腰が弱くなり転びやすくなったり、また、転んだことですぐ骨折したり……。**シニアこそ体幹を鍛えて、足腰の安定性や体のバランスを向上させましょう。**

**腰痛や肩こりにサヨナラ
若々しく長生きできる**

体幹トレーニングは何歳からはじめても遅くはありません。鍛えた分だけ、強くなります。また、ストレッチで体の柔軟性を上げることは、**関節を守ることにもつながります。肩こりや腰痛も解消し、体が動きやすくなるため、**生き生きとした毎日を送ることができます。

体幹力は子供にも、

年齢を問わず鍛えることができる ▶▶▶

体が丈夫になって ケガをしにくくなる

昨今、体を動かす機会の少なくなった子供たち。足が変形したり、ちょっと転んだだけで大ケガにつながったりすることも。**5～12歳は「ゴールデンエイジ」と呼ばれる、体や運動能力が著しく発達する時期。**この間に体幹を鍛えることは、体の基礎作りとして大切です。

子供のうちに体幹を鍛えることのメリットは、運動能力の向上によりケガをしにくくなるという点だけではありません。体の軸がしっかりするので、椅子に座って勉強したり本を読んだりする際に姿勢が崩れにくくなります。そうすると、**集中力を維持して勉強できるようになるのです。**

集中力がついて 学習能力もアップ

HOW TO USE

本書の使い方

1. 体幹の基礎を知ろう

「体幹とは何か」「体幹を鍛えるメリット」などをイラストや図解で解説。

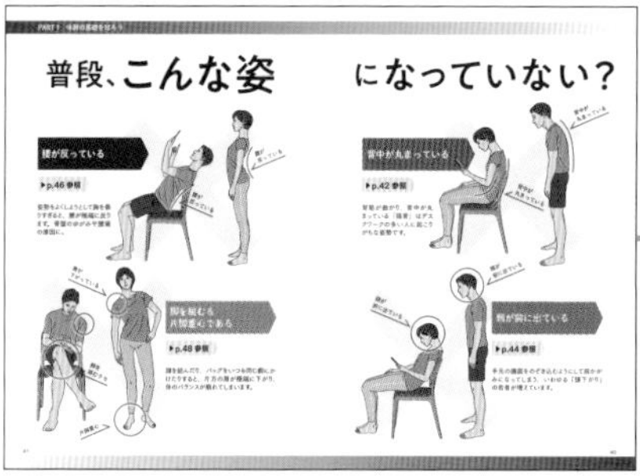

自分の普段の姿勢をチェック。今の自分を見直すことは、正しい体作りの第一歩。

目的別プログラム

姿勢改善

すぐ背中が丸まってしまう、片脚重心になりがちなどと、悪い姿勢に悩む人向け。

運動不足解消

テレワークが増えた、外出が減ったなど、最近運動不足だと感じる人におすすめ。

ダイエット

下腹が気になる、健康的に痩せたい、リバウンドしたくないという人のためのプログラム。

2. 木場式体幹トレーニングに挑戦

このプログラムで鍛えられる部位。意識すると効果アップ！

プログラムの目的や効果について解説。

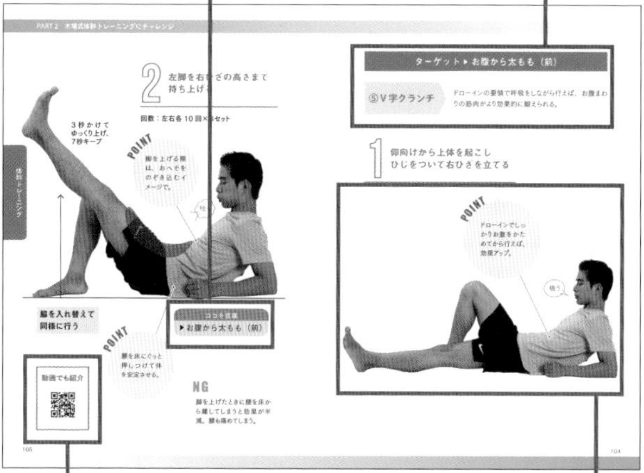

より分かりやすくするために、一部のプログラムは動画でも紹介。QRコードを読み込んで動画をチェックできる。

正しいフォームを大きな写真でわかりやすく紹介。

年齢別プログラム

シニア向けプログラム

シニア世代におすすめのプログラム。ここからスタートして、慣れてきたら、PART 2のプログラムを行ってもOK。

ジュニア向けプログラム

小中学生に合わせた体幹トレーニング。大人が行っても問題ないので、ぜひ一緒にチャレンジしてみよう。

ボディメイク

体をさらに鍛えたい、スポーツでもっと活躍したいという中級者向け。

・QRコードを読み取っての動画閲覧は、予告なく終了する可能性がございます。ご了承ください。
・QRコードは株式会社デンソーウェーブの登録商標です

プロトレーナーが本気で教える 完全体幹教本

もくじ

PART 2
木場式体幹トレーニングにチャレンジ

あなたの体幹力をチェック

PART 1

体幹の基礎を知ろう

まずは、「体幹とは何か」という基本から解説します。
なぜ体幹を鍛えることが大切なのか、体幹を鍛える
メリットについても紹介します。

そもそも「体幹」って何？

上半身と下半身を支えるコアの部分

「体幹」とは**胸、背中、お腹、腰まわりの４つの部位で構成されている胴体のこと。**背中を反らしたり、体をねじったりなど背骨や骨盤の向き、角度に影響を与える筋肉が集中しています。体幹を鍛えるというとスポーツ選手のトレーニングを思い浮かべるかもしれませんが、体幹は日常生活のさまざまな動きにも欠かせないものです。

例えば、脚を引き上げる際、まず腰まわりの筋肉が動きます。脚と連動するように腕も振りますが、このときも腕の筋肉につながる背中の筋肉が最初に使われています。手足だけを鍛えても、**体の中心である体幹が強くなければ、各筋肉へうまく力を伝達することができません。**

バランスを保つうえでも体幹は重要な役割を担います。電車やバスで急に揺れたとき、体幹が強ければ転ばずに済みます。すべての動作を支えているこそが体幹なのです。

こんな人は危険信号！体幹力チェック

- □ 階段よりエスカレーターを使う
- □ その場にしゃがみ込めない
- □ 立って靴下をはくときよろける
- □ 長時間立ち続けるのがつらい
- □ 階段を上がると息が上がる

当てはまる数が……

0個　危険度10%未満
今は大丈夫そう。でも、今から体幹を鍛えておくと、さらにグッド！

1〜3個　危険度50%以上
あなたの体幹は衰えはじめているかも。今のうちに鍛えよう。

4〜5個　危険度80%以上
今すぐ体幹を鍛えるべき！本書を見てできるところから挑戦を。

体幹が弱い人の特徴

重心がかたより、まっすぐ立てない

長時間立つことがつらい

電車の急な揺れに対応できず、よろける

すぐ座わりたくなる

そのほかのトラブル

ケガ

小さな段差につずきやすく、転びやすい。

事故

不意の事故など、急な出来事への反応が遅い。

インナーマッスルと

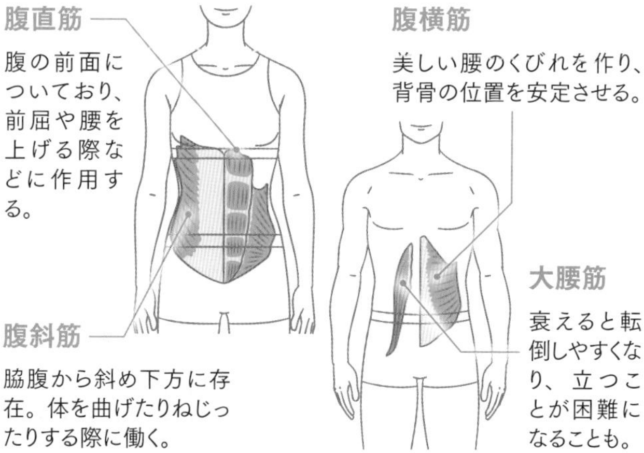

アウターマッスル　　インナーマッスル

↓ バランスがとれると ↓

お腹の筋肉が効率よく使える

↓

お腹が凹む

2つの筋肉をバランスよく鍛える

私たちの体を構成する筋肉は2つに分けられます。**体の表面に近いところにあるアウターマッスル（表層筋）と、深いところに位置し、触れたり見たりすることが難しいインナーマッスル（深層筋）です。**トレーニングの成果を実感しやすいアウターマッスルばかり鍛える人がいますが、同時にインナーマッスルを鍛えることも必要。互いの機能を補い合うため、**どちらか一方が極端に弱いとパフォーマン**

アウターマッスルのバランスが大事

スが低下してしまうのです。

体幹トレーニングで重視しているのはインナーマッスル。腹筋を例にとれば、一番表層には「外腹斜筋」があり、その下に「腹直筋」と「内腹斜筋」、さらに最深部にあるのがインナーマッスルの「腹膜筋」です。腹横筋は息を吐く際、主力となる筋肉で、腹部への負担を減らすコルセットのような役割も担っています。

体の深部にあるインナーマッスルは直接触れることができないため、トレーニングをする際は、**ターゲットとなる筋肉がどこにあるかを意識しながら刺激するとよいでしょう。**

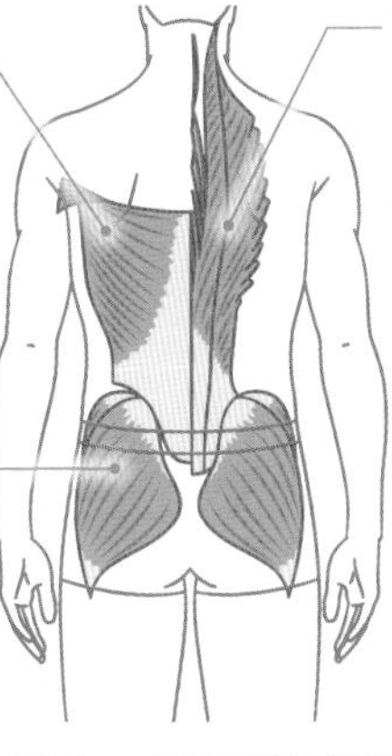

アウターマッスル　　インナーマッスル

↓ バランスがとれると ↓

背筋が伸びる！

↓

姿勢がよくなる

体幹が強いと体のパフォーマンスが格段に上がる

自在に動けるキレのよい体を作る

体幹を強くすると、いいことがたくさんあります。筋力がつき、体の可動域が広がり、全身のバランスが整えられます。その結果、**内臓機能が改善され、疲れにくい体ができるのです。**睡眠の質も向上するため、頭はいつもクリアな状態に。**考え方がポジティブになり、心にも余裕が生まれます。**また、背筋がスッと伸びて、**お腹まわりが引き締まる**など、見た目にも変化が表れます。デスクワークの疲れは軽く体を動かすだけで解消されます。そのうえ、体の軸がしっかりしていれば、新しいスポーツに挑戦してもスムーズに修得しやすくなります。このように、楽しみがどんどん増えていくのです。

体幹を鍛えれば毎日がぐんと楽しくなる！

ジョギングやヨガなど、趣味でスポーツに励んでいる人は体幹を鍛えればパフォーマンスがアップし、体を動かすことがより楽しくなるはず。筋力がつき疲れにくくなるため、体力のある子供とも思い切り遊ぶことができますし、外出の機会も増えていきます。体幹を鍛えてアクティブで充実した毎日を過ごしましょう。

プロスポーツ選手が発達している筋肉

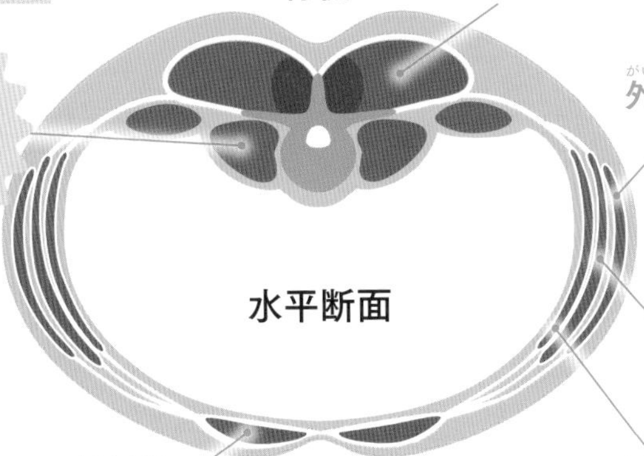

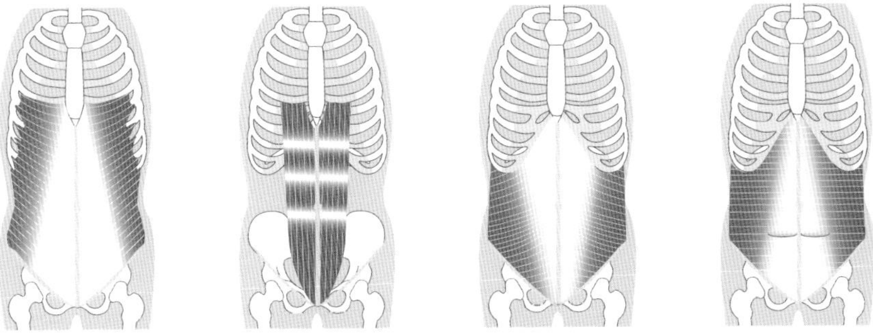

表層　→　深層

アウターマッスル ― どちらも鍛えることが大切 ― インナーマッスル

↓

体幹トレーニングで
同時に強化できる！

体幹を鍛えるメリット①

ケガをしにくい体になる

体の中のブレない軸が瞬時の対応を可能に

ふとしたときに体のバランスを崩してしまう、そんな経験はありませんか。例えば、慌てて横断歩道を渡ろうとしてつまずいたり、急に飛び出してきた自転車をよけきれず転んでしまったり。これらはすべて体幹が弱っていることが原因です。**体幹力が低下すると体がゆがみ、筋力のバランスも崩れていきます。**筋肉の柔軟性もなくなってしまい、その結果、とっさの場面で踏ん張ることができなくなるというわけです。

体幹を鍛えれば、**一本の芯のようなブレない軸が体の中心にでき上がり、筋力のバランスも整い柔軟性も増していきます。**すると、日常のあらゆる動作がスムーズに行えるようになり、多少の揺れや衝撃を受けても、びくともしない体へと変化していきます。日常生活での思わぬケガを防ぐことはもちろん、スポーツでも思い切りパフォーマンスを発揮することができます。

体幹が弱いとケガが事故につながる

体幹力の衰え

正しい姿勢が維持できなくなり、体がゆがむ。体の保護能力も低下。

→

体がアンバランスに

踏ん張りがきかず、瞬発力や反射神経が鈍くなる。不意の動きに対応できなくなる。

転倒

ふらつき

体幹を鍛えると、ケガ予防になる

＼ 電車が揺れてもぐらつかない！ ／

安定性アップ

脊柱をしっかり支えることができ、地面を踏ん張る力も向上。体が安定する。

連動性アップ

上半身と下半身の連動がうまくいく。体を動かすのが楽になる。もし道でつまずいても体が反応する。

バランス力アップ

筋力のバランスが整い、何かの衝動で体勢が崩れるようなときでも、体の均衡を保てる。

反射神経アップ

踏ん張りが強くなり、瞬発力や反射力が向上。不意の動きにうまく対応でき、ケガの防止につながる。

ケガをしない体になる！

体幹を鍛えるメリット②

よくあるダイエットの失敗談

A男さんの場合（40代・男性）

「スポーツジムで腹筋やランニングに励んでいますが、お腹だけはどうしても凹みません。カロリー制限に挑戦したものの、結局リバウンドしてしまいました」

B子さんの場合（30代・女性）

「ダイエットには糖質制限がいいと聞いて実行しました。多少痩せはしたものの、肌がカサカサで化粧ノリも最悪。一気に老けた感じがします」

体脂肪を減らしてもお腹は痩せてくれない

体脂肪を減らせばダイエット成功！　そう考えている人は多いのではないでしょうか。しかし、体脂肪を減らしただけでは、ぽっこりお腹を引き締めることはできません。それは、体幹が鍛えられていないからです。

なぜダイエットにも体幹が関係しているのかというと、体幹が弱ければ、腹部の筋肉に力が入らず、**お腹の内部に圧力をかけることができません。そのため、下腹が出たままになるのです。**この圧力を「腹圧」といいます。腹圧が弱いと骨盤が前に傾き、背骨が曲がってしまいます。お腹が出るだけでなく、姿勢まで悪くなってしまうのです。

ぽっこりお腹が引っ込む

ダイエットには腹圧が重要

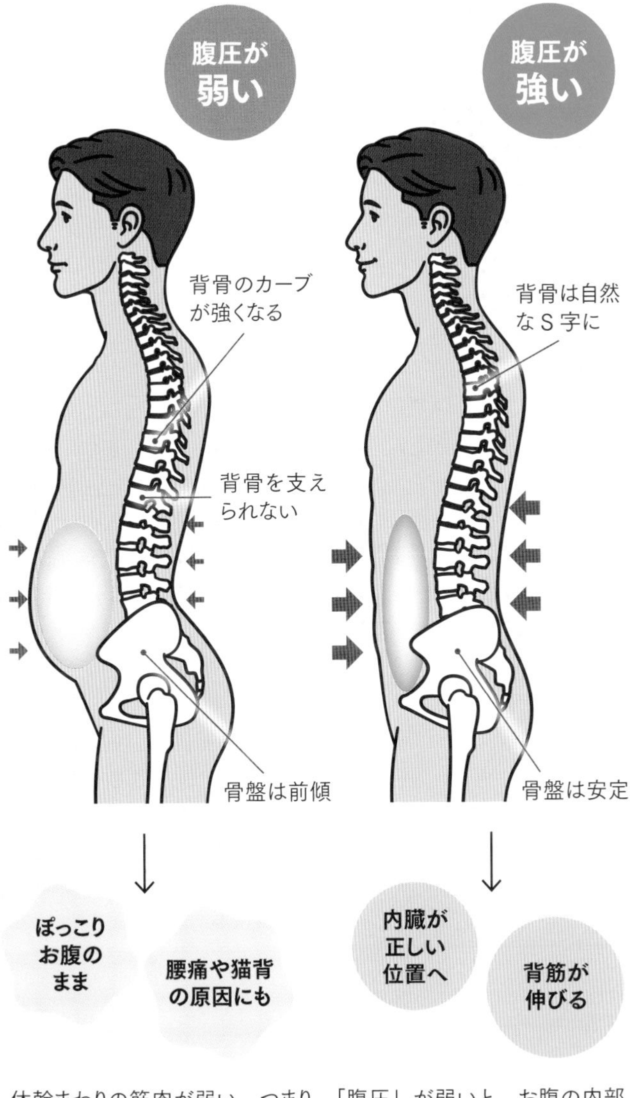

体幹まわりの筋肉が弱い、つまり、「腹圧」が弱いと、お腹の内部に圧力がかけられなくなる。そうすると、下腹が出た状態に……。骨盤も前に傾いて背骨が曲がり、姿勢も悪くなる。また、老けた印象にもつながってしまう。

人間の基礎代謝とは

1日のエネルギー量

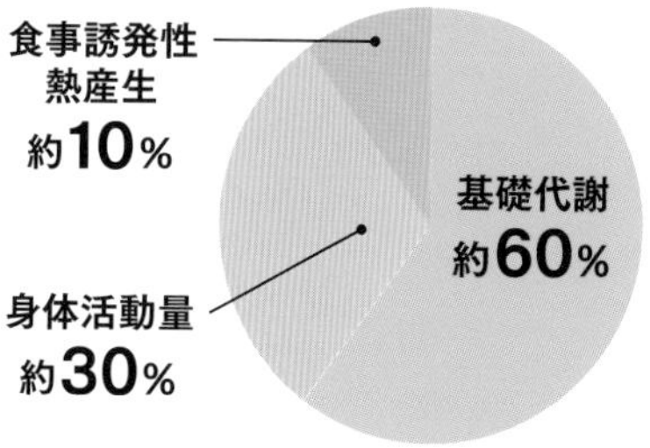

**筋肉量が多く、
基礎代謝が高い人ほど太りにくい**

基礎代謝は1日のエネルギー量の半分以上を占めている。つまり、体幹を鍛えて筋肉を増加させ、基礎代謝量をアップさせればエネルギーを消費しやすい体を作ることができる。

※厚生労働省「e- ヘルスネット」をもとに作成。

体幹を鍛えるメリット③
基礎代謝がアップ

基礎代謝量を増やせば脂肪が燃焼しやすくなる

私たちは日々、エネルギーを消費していますが、その約60％は基礎代謝で使われます。基礎代謝とは呼吸や体温調節など生命維持に必要なエネルギーのことで、何もしなくても消費されます。基礎代謝量は筋肉の量に比例するため、体幹を鍛えて眠っていた筋肉を目覚めさせれば、**基礎代謝が上がり、脂肪を燃焼しやすくなります。**つまり、食べても太りにくい体ができ上がるのです。

ダイエット目的で食事制限をしてもなかなか痩せないという人は、基礎代謝量が低下しているかもしれません。ダイエットを成功させるカギは、**食事制限ではなく筋力や体幹力強化なのです。**

基礎代謝は性別・年齢とともに変わる

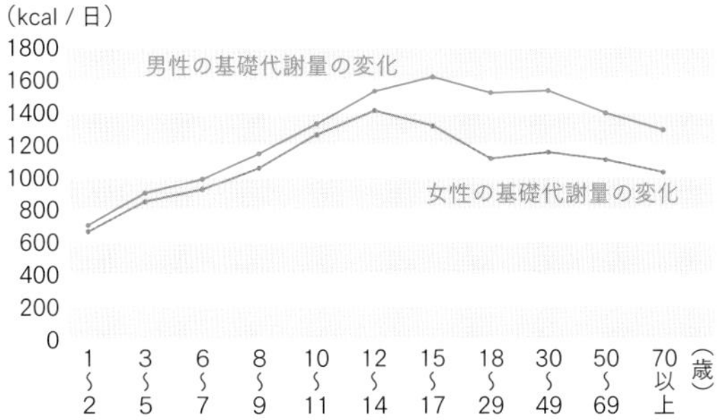

一般的に、女性より男性のほうが筋肉量が多いため、基礎代謝量も高くなる。また、加齢による筋肉などの減少に伴い、基礎代謝量も減少。ピークは男性 15 〜 17 歳、女性 12 〜 14 歳といわれている。

※厚生労働省「日本人の食事摂取基準 2015 年版策定検討会報告書」をもとに作成。

体の組織別代謝量

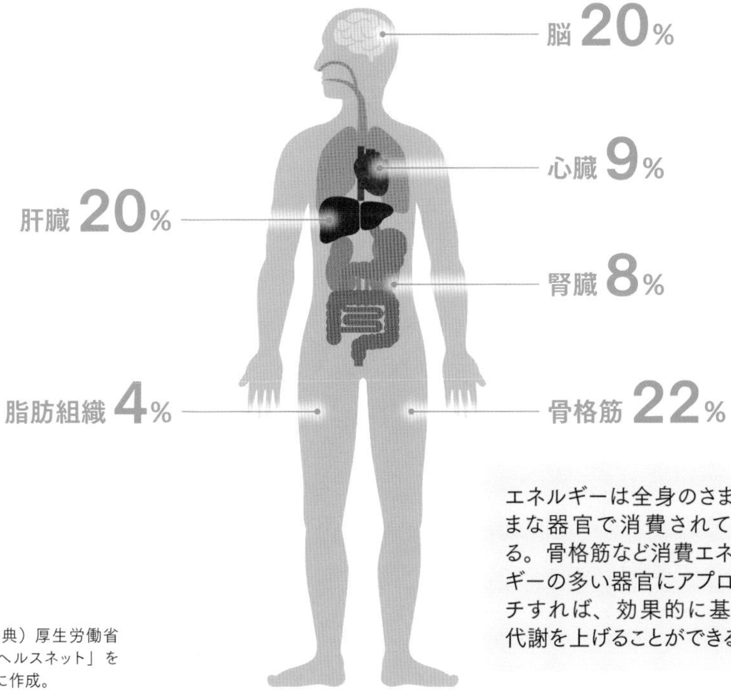

エネルギーは全身のさまざまな器官で消費されている。骨格筋など消費エネルギーの多い器官にアプローチすれば、効果的に基礎代謝を上げることができる。

※（出典）厚生労働省「e- ヘルスネット」をもとに作成。

体幹力アップ＝燃焼しやすい体が手に入る！

体幹を鍛えるメリット④

疲れにくい体になる

無駄な力は使わず体の負担を減らす

なかなか疲れが抜けないという人はたくさんいるでしょう。疲れやすさの原因は生活習慣の乱れや睡眠不足など、人によってさまざまです。一方、疲れにくい人の体はよく動きます。**関節の可動域が広く、筋肉同士の連携がよいうえに筋力も十分に蓄えられています。**

例えば歩く際、関節の可動域が広ければ少ない歩数で移動できるので、その分、疲れは軽減できます。また、股関節を動かす腸腰筋から太ももの前にある大腿四頭筋までがしっかり連携しているため無駄な力を使うことがありません。

このような動きを支えているのがインナーマッスルです。体幹トレーニングでインナーマッスルを鍛えると同時に、**ドローインやストレッチを行うことで体のバランスが整えられ、疲れにくい体ができます。**その結果、スピードや瞬発力が上がり、パフォーマンスがアップするのです。

こんな人は体幹を鍛えよう！

毎日
満員電車で通勤

↓

朝からグッタリ
会社に着くだけで
疲労がMAX

体幹トレーニングで変わる！体への好影響

BEFORE

疲れが抜けない

やる気が起きない

イライラしがち

階段で息切れする

猫背や巻き肩に悩んでいる

慢性的な肩こり・腰痛

体がスッキリしない

お腹が出ている

太りやすい

寝つきが悪い

眠れない

↓

AFTER

お腹が凹む

仕事のコスパアップ

便秘が解消される

趣味が広がる

血行がよくなる

体がスムーズに動く

脳がクリアになる

長距離歩ける

姿勢がよくなる

腰痛や肩こりが減る

疲れにくくなる

痩せやすい体になる

朝の目覚めがよくなる

体幹を鍛えるメリット⑤

つらい肩こり・腰痛も解消

原因は体のゆがみ！ 正しい姿勢で痛み改善

健康雑誌やテレビ番組でたびたび取り上げられる体の不調に、肩こりと腰痛があります。痛みをとるためにマッサージに通っても、根本的な改善にはなりません。むしろ、急激な刺激を与えれば筋肉が炎症をひき起こす恐れもあります。

肩こりや腰痛も体幹力不足が原因の可能性大。体幹が弱いと体にゆがみが生じ、姿勢が悪くなります。そ

現代人の体の悩み 「殿堂入り」の肩こりと腰痛

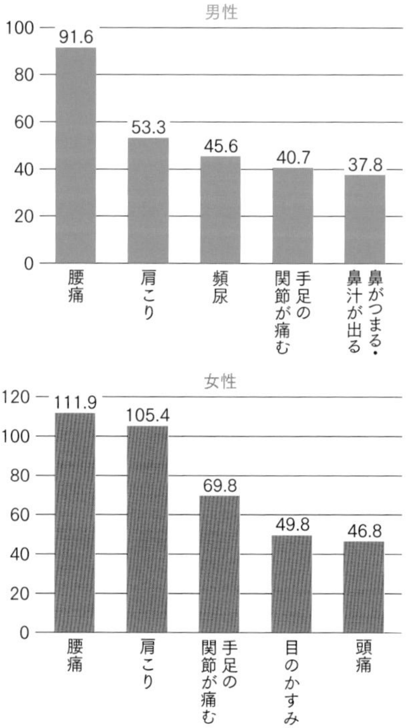

性別で見る病気やケガなどの自覚症状ランキング

病気やケガなどの自覚症状のある男女に聞き取りした結果、肩こり・腰痛はどちらも上位2位に上る。それほど悩む人が多いということ。

（厚生労働省「国民生活基礎調査」（2022年）による）

の結果、肩や首、腰に余分な負担をかけることになり、痛みが生じるというわけです。トレーニングで体幹を鍛えれば、**筋力バランスが整えられ正しい姿勢を維持できるようになるため、痛み知らずの体になれます。**

ただし、痛みが激しい場合は、まず、**入浴や温湿布などで体を温めましょう。**血行がよくなれば老廃物など痛みの原因物質が排出され、こわばった筋肉がほぐれていきます。そのうえで体幹トレーニングを行えば、より効果がアップします。

肩こり・腰痛のさらなる悪化を招くNG行為！

肩こり

✕

肩を強くたたく

かたくなった肩や背中をドンドンとたたくと、楽になったような気になるが、必要以上に刺激を与えると、かえって炎症を起こす可能性がある。

✕

パソコンの位置をむやみに変える

パソコンを見やすい位置に持ってくると、姿勢がよくなると思うかもしれないが、それは一時的な気休め。姿勢のゆがみを直すことが最優先。

✕

首をぽきぽき鳴らす

関節をぽきぽき鳴らしてしまうクセがあれば要注意。関節の間にたまった気泡が破裂して、音が鳴るだけなので、関節面の損傷を招くかも。

腰痛

✕

腰が治った後も動かない

ぎっくり腰などが治った後は、できるだけ安静にしていたくなる。しかし、治った後も動かないでいると、筋力が衰え状態は悪化する。

✕

むやみに腰を伸ばす

腰の痛みをストレッチして伸ばしすぎるのも気をつけて。無理に伸ばすと筋肉が肉離れのような状態になり、症状は悪化してしまう。

✕

いろいろな腰の体操を試す

テレビなど世間で流行しているメソッドはつい試したくなるが、自分の体に合わないものを行うとさらなる不調につながる。

体幹を鍛えるメリット⑥

腸を活性化

腸は「第二の脳」心と体を良好に保つ

便秘などの腸の不調にも体幹が関係しています。お腹や背中部分のインナーマッスルを鍛えていなければ腹圧は弱いままなので、腸の働きも低下。腸で吸収された栄養分は血流にのり、全身に届けられますが、腸の働きが悪くなれば、十部な栄養を送ることができず、腸内で発生した腐敗物質が血流にのって全身をめぐることになります。腸内環境が悪化すると病気にかかりやすくなるといわれるのは、そのためです。

さらに注目したいのが脳と腸の関係。実は**腸は脳に次いで多くの神経細胞が集まっており、「第二の脳」とも呼ばれています。**緊張すると腹痛や下痢を起こすのも脳と腸が密接に関わっているから。**「幸せホルモン」と呼ばれ、リラックス効果をもたらす神経伝達物質「セロトニン」もその95%を腸が作り出しています。**心と体の健康を保つために腸の働きは欠かせないものなのです。

腸がきれいになると、いいことがたくさん！

腸内環境向上のカギは体幹力にあった

1 体幹トレーニングで インナーマッスルを鍛える！

お腹や背中などの筋肉を鍛えて腹圧を強化すると、内臓の働きも活発になる。

↓

2 腸の働きが活性化し、セロトニンが分泌される！

脳内の神経伝達物質であるセロトニンの95％は腸内で作られている。腸内の働きがよくなると、セロトニンの分泌が促進される。

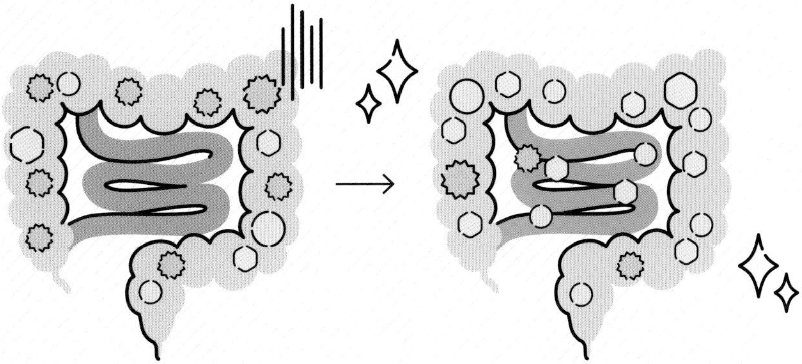

BEFORE　→　AFTER

↓

3 精神が安定してストレスが軽減する！

心身ともに安定し、リラックス効果が高まる。反対に、腸内環境が悪くなると、イライラしがちになり、精神状態が不安定になる人も。

体幹を鍛えるメリット⑦
ぐっすり眠れる

腸の働きを強化して快眠を導く！

疲れているのに眠れない、寝ても疲れが取れない、いわゆる「睡眠障害」といわれる悩みを抱える人が増えています。睡眠不足が続くと、日中に睡魔に襲われるなど生活のリズムが崩れてしまううえに、自律神経の乱れや免疫力の低下を招きます。

健康の基本を支えているともいえる睡眠ですが、ここにも腸の働きが大きく関係しています。前ページで腸にはセロトニンを作り出す働きがあると述べましたが、**このセロトニンは夜になると睡眠を促すホルモン「メラトニン」へと変化します。**つまり、質のいい睡眠を得るためには腸の働きを活性化させ、セロトニンの分泌を促す必要があるのです。そのためには腹圧を強くするなど、体幹トレーニングが欠かせません。また、入浴後や就寝前に軽いストレッチで筋肉をほぐせば、**血行がよくなり、心地よい眠りと目覚めがもたらされます。**

現代人の睡眠不足は深刻

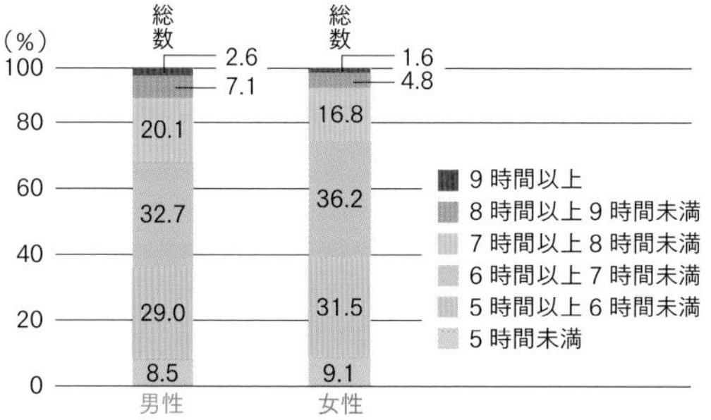

20歳以上の平均睡眠時間
6時間未満は4割

厚生労働省の「国民健康・栄養調査」（2019年）によると、日本人の1日の平均睡眠時間は「6時間以上7時間未満」の割合が最も高かった。

体幹が強くなると、ぐっすり眠れる!?

体幹トレーニング

↓

腸内の動きが活性化

↓

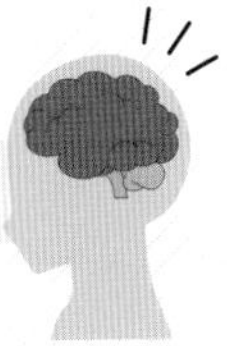

セロトニンの分泌

↓

自律神経が整う

快眠につながる寝る前のプチ習慣

睡眠中に、筋肉などさまざまな部位が修復され成長する。体の疲労回復や筋肉の成長のためには、よい睡眠は不可欠。快眠を導くための、ちょっとした習慣を心がけよう。

寝る前の腹式呼吸

寝る前に腹式呼吸やドローインを取り入れると、全身がほぐれて眠りやすい体になる。

布団の上でストレッチ

心身の緊張をほどき、副交感神経を優位に切り替えることで、リラックスできる。

規則正しい生活リズム

朝日を浴びることで体内時計がリセットされる。昼夜逆転の生活になっていたら見直してみよう。

食事は就寝2時間前まで

遅い時間まで食事をしていると、睡眠中も胃腸が働き続け、副交感神経が優位にならない。

パソコンやスマホは閉じる

寝る直前まで、パソコンやスマホなどの強い光、ブルーライトを浴びていると脳が休まらない。

自分なりの睡眠スイッチ

「アロマを焚いたら寝る時間」というように、睡眠に意識を切り替える習慣を作るよう心がける。

になっていない？

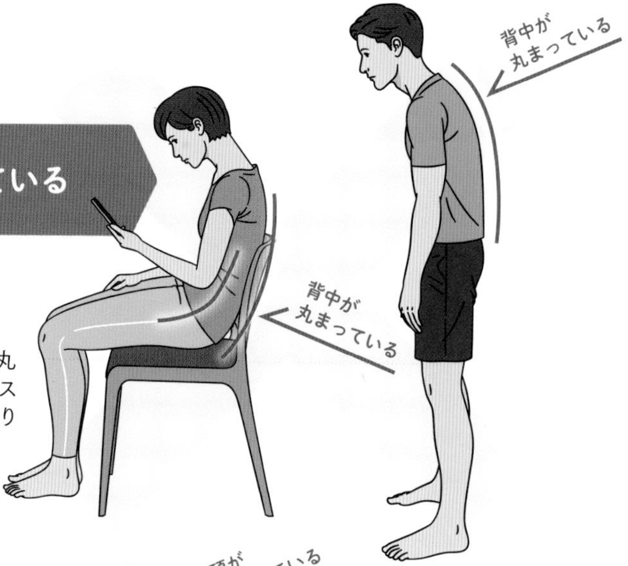

背中が丸まっている

▶p.42 参照

背筋が曲がり、背中が丸まっている「猫背」はデスクワークの多い人に起こりがちな姿勢です。

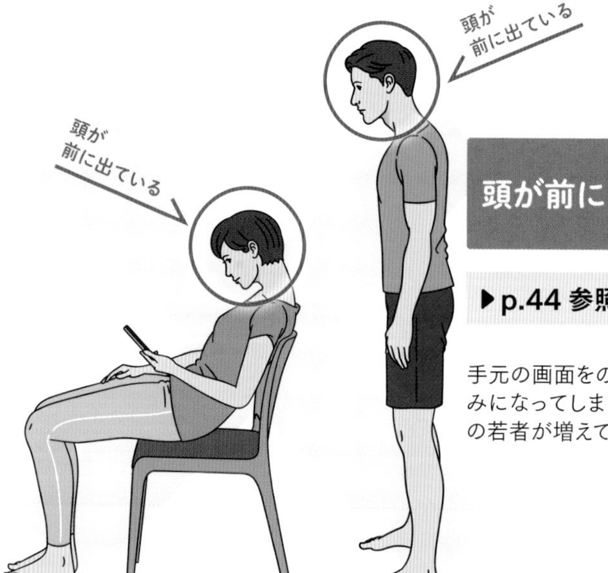

頭が前に出ている

▶p.44 参照

手元の画面をのぞき込むようにして前かがみになってしまう、いわゆる「頭下がり」の若者が増えています。

普段、こんな姿

腰が反っている

▶p.46 参照

姿勢をよくしようとして胸を張りすぎると、腰が極端に反ります。骨盤のゆがみや腰痛の原因に。

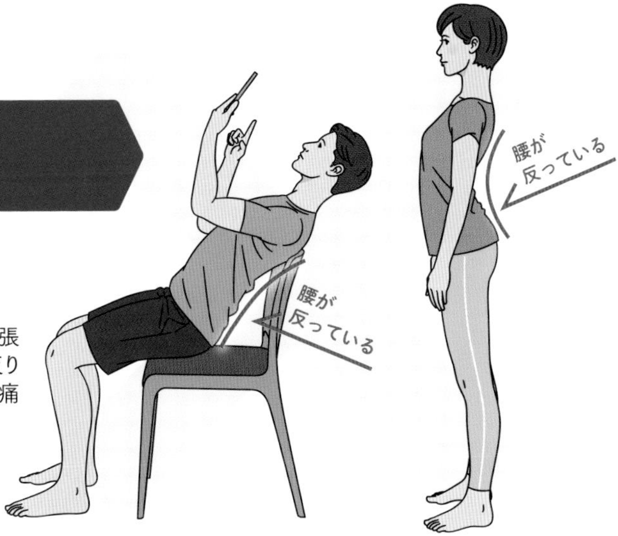

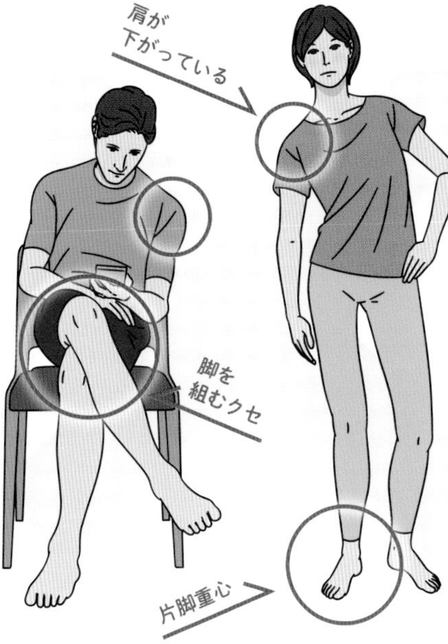

脚を組む＆片脚重心である

▶p.48 参照

脚を組んだり、バッグをいつも同じ側にかけたりすると、片方の肩が極端に下がり、体のバランスが崩れてしまいます。

よくある姿勢①

悪い姿勢の代表格

猫背

頭が傾けばそれだけ首の負担が増加

背中が丸くなる「猫背」は、首や肩のこり、腰痛、自律神経の乱れなど、あらゆる不調を引き起こします。**その原因は、傾いた首が頭の重さを支えきれなくなることです。**

人間の頭部は思った以上の重量があります。その重さは体重の1割といわれ、60キロの人なら頭の重さは5~6キロ。しかも、頭を前に15度傾けると頸椎にかかる負荷はさらに増して、12キロにもなるという研究結果もあります。つまり、猫背で首が前に傾けば傾くほど頸椎、さらには背骨にまで負担がかかるということです。背骨は姿勢の要。**余計な負担がかかれば体はゆがみ、運動能力の低下も招いてしまいます。**

猫背になる主な原因

- 長時間のパソコンやスマホの使用で、無意識のうちに前かがみになっている。
- 作業に集中するあまり浅い呼吸になり、体を支える横隔膜が使えていない。
- 運動不足のため筋力が低下。正しい姿勢を保つことができない。
- 長時間、同じ姿勢でいることが多く、筋肉がかたまってしまう。

column

頭はボウリングの球!?

体重60キロの人の頭の重さは約6キロで、13ポンドのボウリングの球の重さに匹敵します。体のゆがみのない正しい姿勢でいれば、重さは垂直方向にかかりますので、負担はありませんが、**首が傾けばそれだけ首の後ろや肩、背中に負担がかかります。**さらに、長時間同じ姿勢でいると、血流が悪くなりこりが生じて、頭痛を引き起こすことも。

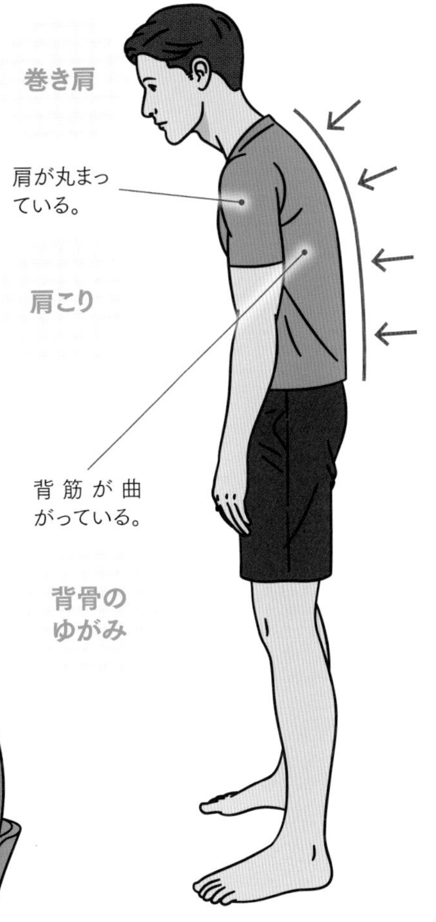

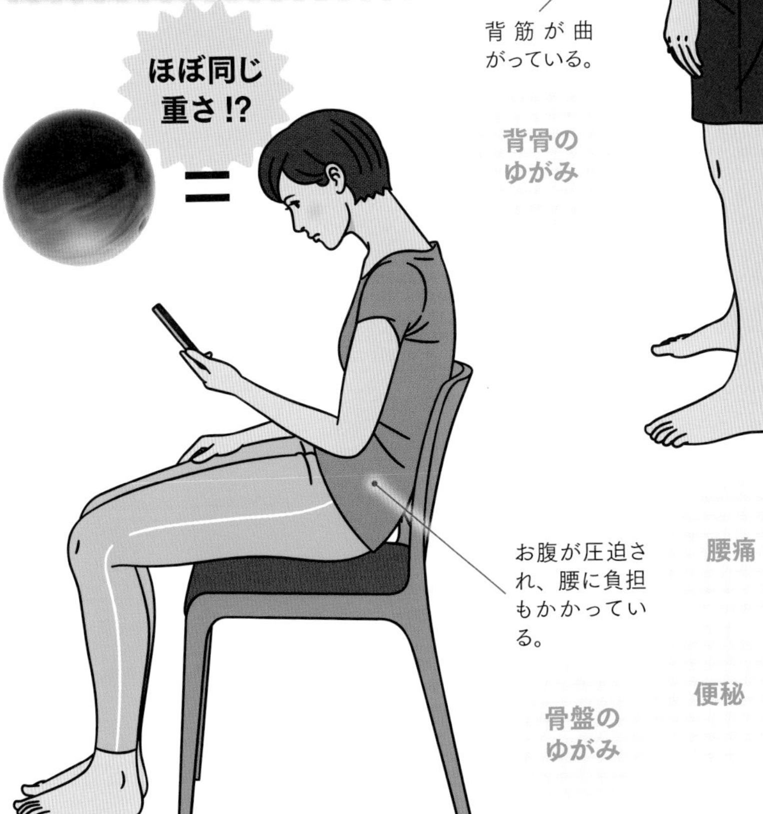

よくある姿勢②

若い世代に急増中

頭下がり

うつむき姿勢は首への負担大！

スマートホンの普及に伴い、「頭下がり」という不自然な姿勢の人が増えています。スマホのゲームやSNSに夢中になっているうちに、無意識に前かがみになり、首の後ろの筋肉が引っ張られる状態をさしますが、この姿勢を長時間続けていると首には大きな負担がかかります。

スマホを使う時間が長い人ほど要注意。若い世代は比較的、筋肉があるので、最初のうちは痛みや不調を自覚することは少ないかもしれません。そのため、気づいたときはかなり悪化が進んでいた、ということもあり得るのです。**スマホを使うときは、姿勢を正し、スマホを目線の高さに合わせるなどの工夫をしましょう。**

頭下がりになる主な原因

スマホや書籍のような小さな文字に集中するあまり、頭が前方に伸びて首の後ろの筋肉が緊張する。

見ている対象物の位置が低すぎて、頭が前に出た姿勢がクセになっている。

目の前の作業に集中しすぎて、時間を忘れがちになり、首の筋肉に過緊張が起こり続ける。

スマホや書籍などを見るとき、首が前に伸びた姿勢ばかりになっている。

column

スマホの見すぎで首がまっすぐに？

ストレートネック

首は本来、頭の重さを支えるためゆるやかにカーブしていますが、スマホの操作など前かがみの姿勢を長く続けていると、**そのカーブがなくなり、まっすぐになってしまいます。それを「ストレートネック」といいます。**放っておけば首まわりの血管が圧迫され、血流量が減少。その結果、**肩こりや頭痛などを引き起こしてしまいます。**

よくある姿勢③

一見よい姿勢に見える
反り腰

慢性的な腰痛や冷えやしびれの原因に

姿勢を正して、と言われると胸を張る人がいます。一見、よい姿勢に見えるのですが、実は「反り腰」かもしれません。反り腰は腰を痛めやすく、太ももの前側にある大腿四頭筋にも負担をかけます。**特に太っていないのに、お腹だけがぽっこり出ていて、太ももの前側に張った感じがあるという人は反り腰を疑ってみましょう。**骨盤のゆがみから冷えやしびれが出る場合もあります。

反り腰は簡単にチェックできます。靴を脱いで壁に背をつけて立ち、かかとを壁から離し、頭、背中、お尻を壁につけます。**このとき、壁と腰の間に握りこぶしが入るぐらいのすき間があれば反り腰です。**

反り腰になる主な原因

- 長時間のデスクワークをしていて、前傾姿勢になりがち。
- 立ち仕事が多い、もしくは、ハイヒールを履くことが多い。
- 運動不足や加齢で脊柱起立筋や腸腰筋、大腿二頭筋が衰え、骨盤が前傾する。
- 妊娠中はお腹が前に出るので反り腰になりやすい。産後の抱っこや授乳の姿勢も一因。

column

反り腰さんは
ぽっこりお腹になりやすい？

姿勢を維持する筋肉が衰え、骨盤が前に傾いた状態になるのが反り腰です。背面の筋肉の柔軟性不足に加え、お腹に力が入らないために、骨盤におさまっている内臓が前にせり出し、ぽっこりお腹になってしまうのです。**高いヒールの靴をよく履く人はバランスをとるため前のめりになりがちなので、反り腰には要注意です。**

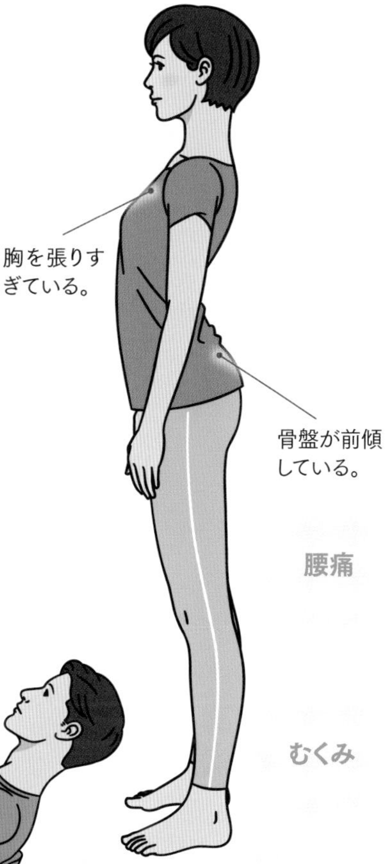

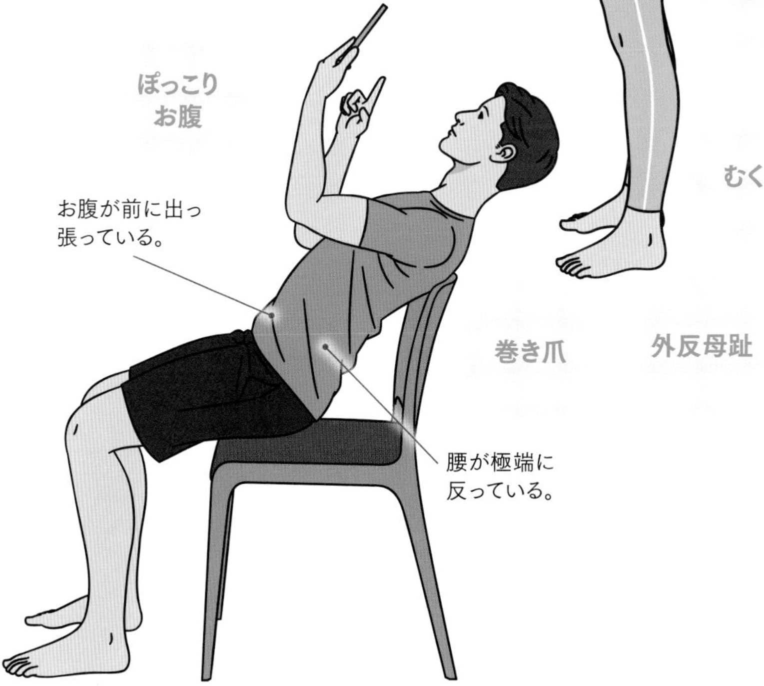

よくある姿勢④

体ゆがみのサイン 片脚重心

脚を組んで楽な人は体がゆがんでいる⁉

椅子に座ってすぐに脚を組む人は、体がゆがんでいる恐れあり。脚を組めば上側の脚は楽ですが、下側の脚にはその分の負担がかかり、筋肉が圧迫され、重心は偏っていきます。次第に骨盤が傾き、立っているときにも無意識に「片脚重心」になります。すると、**左右の肩の高さや脚の長さに違いが生じるようになり、体はますますゆがんでいきます。**

体がゆがむと、頭痛や肩こり、腰痛をはじめ、歯の噛み合わせにも悪影響を与えてしまうのです。バッグをいつも同じ側の肩にかけるという人も体が傾いているかもしれません。逆の肩にかけ直したり、リュックに替えたりするなど対策しましょう。

片脚重心になる主な原因

- バッグをいつも同じ側の肩や腕で持つクセがある。
- 立ち仕事が多いが、体を支える筋肉が弱くて、疲れやすい。
- デスクワークが多く、気を抜くと、脚を組んでしまう。
- 電車の中で立っているとき、何かに寄りかかりやすい。

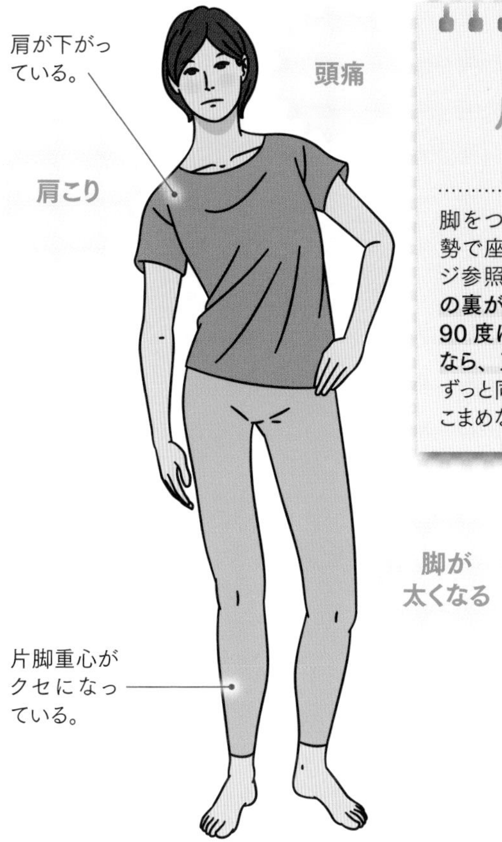

column

片脚を組むクセ
どうしたら直るの？

脚をつい組んでしまう人は、正しい姿勢で座ることを心がけましょう（次ページ参照）。椅子の高さも要チェック。**足の裏がしっかり床につき、ひざと足首が90度に曲がるように座れる椅子の高さなら、正しい姿勢も保ちやすくなります。**ずっと同じ態勢にならないよう、歩くなどこまめな休憩も大切です。

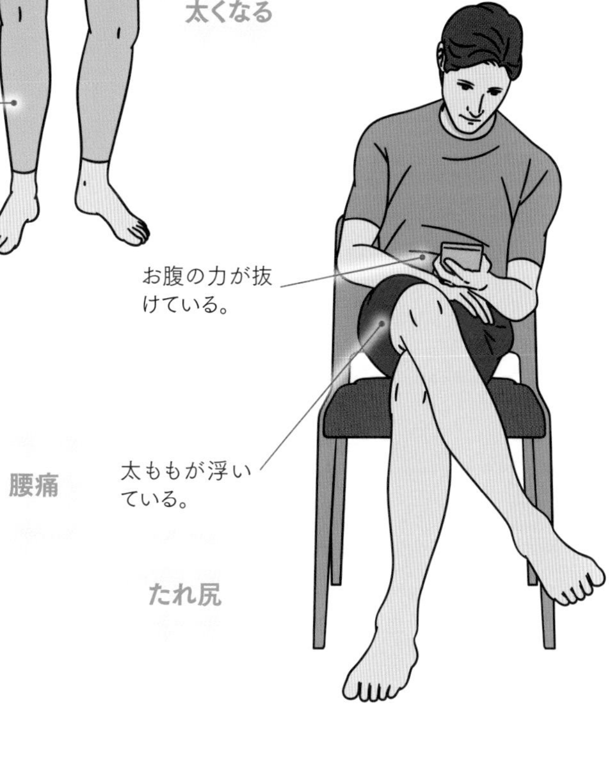

美しく見える正しい姿勢とは？

姿勢を正すことで肩こり改善&腸活促進

正しい姿勢をキープできれば、いいことがたくさんあります。まずは背筋が伸びてスタイルがよく見えること。同時に骨盤や背骨のゆがみが改善され、肩こりや腰痛が軽減。また、血流がスムーズになることで内臓の動きが活発になり、消化活動が促進され腸活を助けてくれます。さらに、基礎代謝が高くなり、消費エネルギーがアップ。代謝もよくなり肌トラブルの解消につながります。

　では、正しい姿勢とは、どのような状態をさすのでしょう。**ベストな状態は横から見た際に、耳・肩・股関節が一直線に並んでいること。**立ち姿勢のときは、ひざとくるぶしも一直線に並ぶようにします。座った姿勢の場合は股関節、曲げたひざの角度がそれぞれ90度程度になるのが理想です。お腹が出ないように腹部の筋肉にキュッと力を入れましょう。すると、正しい姿勢を維持しやすくなります。

姿勢が乱れる原因は……

画面に集中するあまり、ついつい前かがみになりがちだが、この姿勢は首や肩に大きな負担がかかる。

いつも同じ方の肩でバッグを持つ

キッチンが低くていつも前かがみになる

立ったときの姿勢　耳、肩、股関節、ひざ、くるぶしが一直線に並ぶ

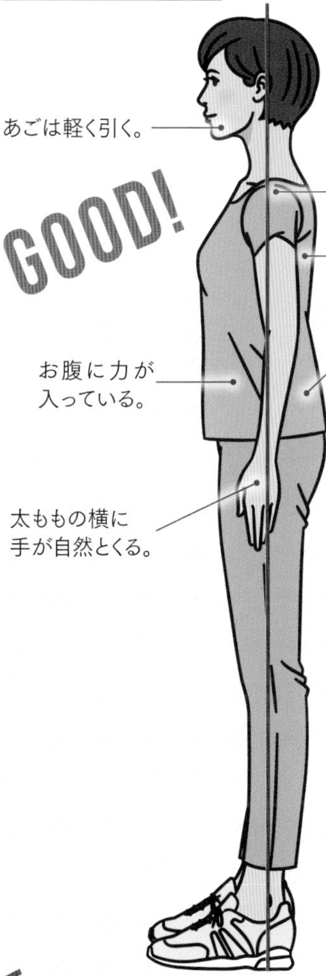

座ったときの姿勢　耳、肩、股関節
が一直線に並ぶ

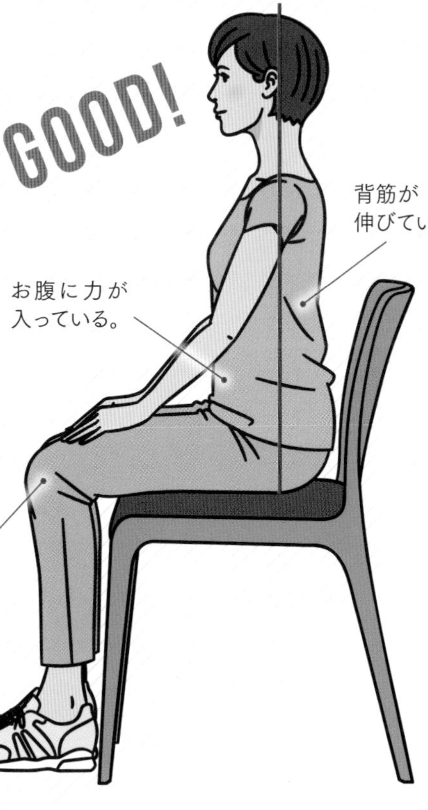

POINT

立位でも座位でも、
正しい姿勢をとれて
いれば、お腹に力が
入っていて、自然と
体が鍛えられている。

体幹も鍛えられる 歩き方トレーニング

体幹を鍛える最強の歩き方とは

体幹を鍛えたいけれども、トレーニングはちょっと苦手という人におすすめなのが「体幹バランスウォーキング」。運動習慣がない人でも無理なく手軽にできる全身運動です。**正しい姿勢をキープして歩けば複数の筋肉が鍛えられ、全身の血流もよくなり、基礎代謝も上がります。**歩く時間の目安は20～30分。有酸素運動効果が高まり、ダイエットや生活習慣病対策にもつながります。

歩くときは腹圧が抜けないよう腹部の筋肉を意識することを忘れずに。歩くことで体幹が安定すれば、全体の筋肉を効率よく使えるので、関節の負担が減り、疲れにくい体になります。

正しい姿勢で歩けば体幹力がアップ！

理想的な健康メソッド
体幹バランスウォーキング

歩幅は自分の足の1～1.5倍くらいを目安にスペースをあける。

歩くときは左右の足がバラバラにならないよう、1本の線の上を進むイメージで。

COLUMN 1

一流選手のトレーニングを子供たちが体験！

全国の施設で本著者の木場克己さんは講演やスポーツ指導を行っています。この日は小中学生を対象にしたスポーツ塾が開催されました。

体幹トレでさらに上へ

プロスポーツ選手のトレーニング指導とともに木場さんが力を入れているのが、子供への運動指導です。自治体の施設で「小中学生・親向けスポーツ塾」が行われ、サッカーやダンスなど、日々スポーツに励んでいる小中学生たちが参加しました。まずは座学からスタート。体幹を、かかしやちくわに例えるなど、わかりやすく解説し、続いて実践トレーニングへ。

子供たちは片脚立ちバランスを取り入れた速足歩き、チューブを使ったバランス立ちやジャンプなどにチャレンジ。最初は遠慮がちだった子供たちも、次第に進んで前に出るように。貴重な経験を通し、体幹の重要性を学びました。

取材／阿部えり

PART 2

木場式
体幹トレーニングに
チャレンジ

実際に、木場式体幹トレーニングをはじめてみましょう。目的別に組んだプログラムも用意していますので、気になるものから挑戦してください!

メソッドはかかし！

に体重を支える足首と足指をしっかり鍛えよう！

すぐれた体幹作りは、土台＝下半身の強さにある

上半身　体幹トレーニング（胴体）

下半身　下半身＆足指トレーニング

↓

この組み合わせが大切

木場式**新**体幹 目指すべき姿

体幹の強い体を作るためには下半身の筋力強化は欠かせません。特

上半身と下半身の連動でブレない軸を作る

体幹とは胸と背中、お腹、腰まわりをさしますが、その体幹を支えるために欠かせないのが**下半身の筋力です。**下半身は体の土台のようなもの。なかでも体重を支える足首の可動域が狭いと、うまくバランスをとれません。**さらに重要なのが足指の動き。**１本１本の足の指でしっかり大地を踏みしめられてはじめて、上半身を支えることができます。

例えば、田畑に立つ「かかし」の脚がまっすぐ地面にさされているように、下半身が強く床をとらえることができれば上半身はぐらつきません。**上半身と下半身をうまく連動させることができれば、ブレない軸ができ上がります。**

腹筋の使われていない体は
きゅうりの入っていないちくわと同じ!?

中が空洞のちくわ

グラグラする

↓

腹筋がうまく使えていない

中にきゅうりを入れたちくわ

グラグラしない

↓

腹筋がうまく使えている

体幹トレーニング

腹式呼吸時の筋肉の動き

脱力しているとき／腹式呼吸しているときのお腹の筋肉を、超音波（エコー）映像で見比べてみると、腹式呼吸時はお腹の筋肉がしっかり動いていることがわかる。

脱力しているときのお腹の筋肉

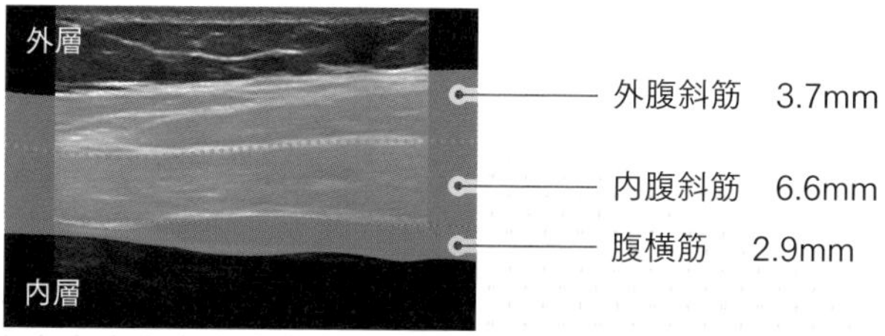

腹式呼吸しているときのお腹の筋肉

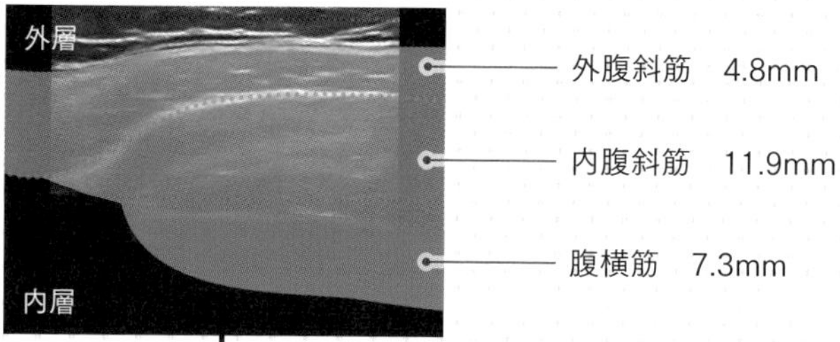

お腹が鍛えられている証拠！

画像提供：いがらし接骨院スポーツはりきゅう

お腹を動かす深呼吸で体の奥から鍛えよう！

体幹トレーニングでは「ドローイン」と呼ばれる呼吸法がとても大事な役割を果たします。やり方はとてもシンプル。お腹をふくらませ深く息を吸い込み、お腹を凹ませるようにしてすべての空気を吐ききる、これだけです（詳細はP.60～63参照）。

この呼吸が横隔膜や骨盤底筋群など、腹圧に関わるインナーマッスルに刺激を与えるため、**体幹部を効果的に強化できます。**アウターマッスルとの連動性も高まるため、動かせる筋肉が増えて、基礎代謝が高まります。その結果、**脂肪が燃焼しやすくなり、体幹が鍛えられると同時に、見た目も変化していくのです。**

成功のカギは腹式呼吸にあり

腹式呼吸はメリットがいっぱい

腹圧が高まると、**ぽっこりお腹が解消され、腸をはじめとした内臓の動きが活性化されます。**自律神経のバランスが整い、睡眠の質も向上。疲れにくい体ができ上がります。

また、腹式呼吸にはイライラしたり緊張したりしたときに気持ちを落ち着かせる効果もあります。マイナス感情に陥っているとき、私たちは浅い呼吸になりがちです。そんなとき、ドローインを意識した深い呼吸で、新鮮な空気を取り込めば、**気持ちが落ち着いてきます。**血流も改善され、免疫効果が高まり、感染予防にも力を発揮してくれます。

体幹を鍛える最強の呼吸法 ドローイン

やればやるほど効果UP 筋肉がぐんと強くなる

スポーツのトレーニングをはじめ、運動療法の一環としても取り入れられているのが、呼吸をしながらお腹を凹ませるエクササイズ「ドローイン」です。

58ページでも紹介したように、腹式呼吸の要領でお腹をふくらませたり凹ませたりしながら呼吸することで、**腹横筋、横隔膜、骨盤底筋群など腹圧を高めるための筋肉を一度に活性化させます。**ドローインをしながら体幹トレーニングを行えば、効果は何倍にもアップします。

ドローインのメリットは、いつでもどこでもできること。信号待ちの間に行ってもOK。歩きながらでもドローインをすれば、その時間がトレーニングタイムに早変わり。ドローインはやればやるほど、効果的にお腹を鍛えられます。**慣れないうちは仰向けで手を添えてやると、お腹が動く感覚がつかみやすくなります。**体幹トレーニングのはじめの一歩としてドローインをマスターしましょう。

ドローインはここを意識！

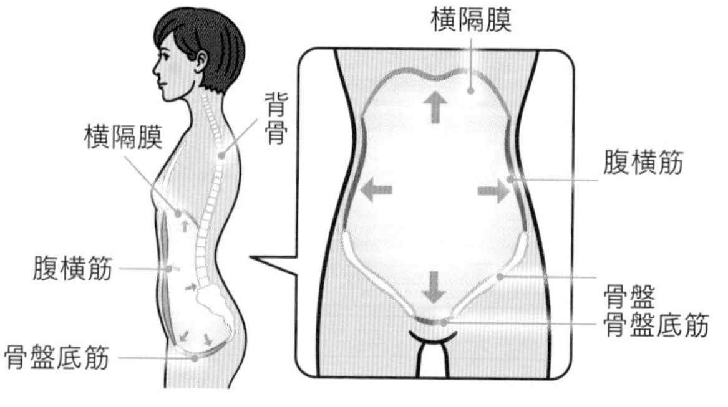

ドローインを行うと起こるメリット

ウエストが細くなり、くびれができ上がる

腸の働きが活性化し、便秘が解消する

背骨のゆがみが矯正され、腰痛が改善される

軸ができるので動作のブレがなくなる

血流がよくなり、肩や首のこりが改善される

脂肪の燃えやすい体になりダイエット効果も

疲れがとれやすい体になる

脳が活性化し、集中力がアップする

背骨の筋肉群が鍛えられ、姿勢がよくなる

効果を高める4つのポイント

1

息を吐くときは、おへそを内側に引き込むイメージ。

2

息を吐くときは、お腹の空気を出しきるような感覚で。

3

息を吸うときは、鼻から吸い、吐くときは口から吐く。

4

両手をお腹に当てて動きを確認する。

通勤中・仕事中・家事中にも
チャレンジしてみよう！

ドローインを

立って行う場合

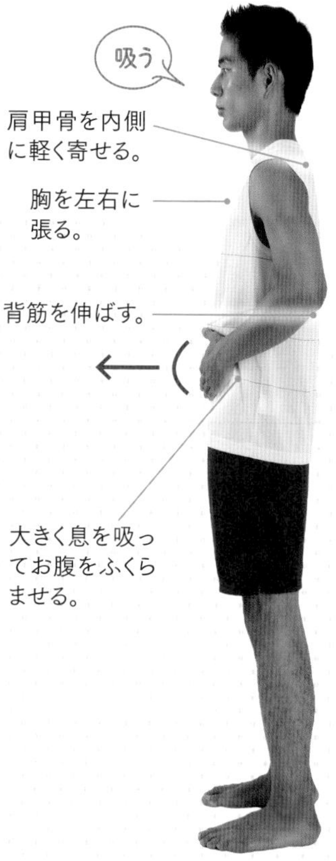

1

まっすぐ立ち、鼻から大きく息を吸う。

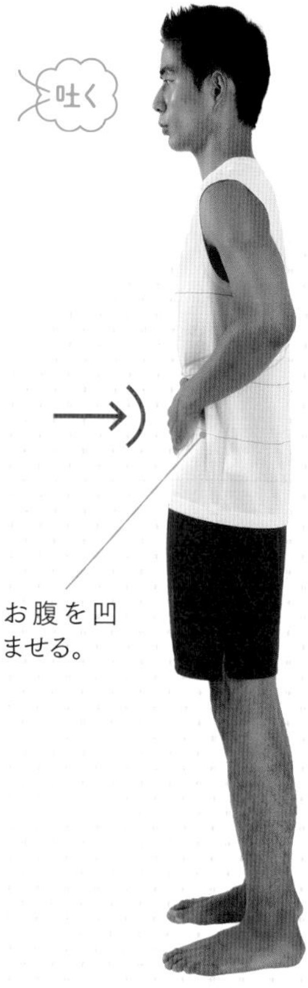

2

口からゆっくり息を吐きながら、おへそを中心にお腹を凹ませていく。

POINT

ドローインは脇腹にある腹横筋を使うので、触ってみて脇腹がかたくなっていればOK。

徹底マスターしよう

寝て行う場合

1

仰向けに寝てひざを立て、大きく息を吸う。

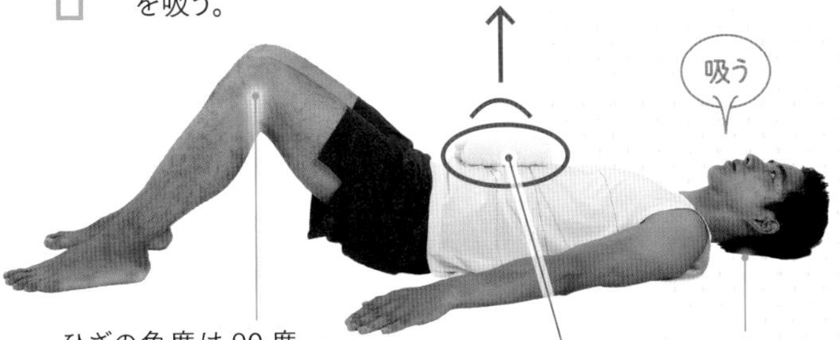

ひざの角度は90度を目安に。足裏は床につける。

鼻から息を吸ってお腹をふくらませる。

POINT

お腹が凹む感覚をつかむため、最初はお腹の上にタオルなどを置いてやるとよい。

2

口から息を吐きながら、お腹に力を入れて凹ませる。

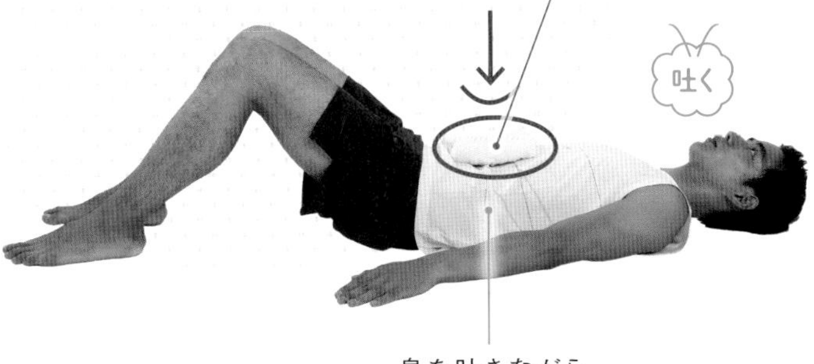

息を吐きながらお腹を凹ませる。

体のスイッチオン！ストレッチの重要性

ストレッチでケガ予防&疲労軽減

ストレッチをやることでトレーニングの効果が大きく変わります。まず、**ストレッチが筋肉の緊張をゆるめ、血流をよくします。**その結果、酸素や栄養素が全身に行き渡りやすくなり、疲労物質である乳酸が体にたまることを防ぎます。つまり、**疲れにくくなるのです。**関節への負担も減りケガ防止にもつながります。

一方、ストレッチをせず筋肉がかたいままトレーニングをすれば、可動域が広がらず、動かす筋肉に無理な力をかけることになります。ちょっと負荷をかけただけで痛めてしまうことになりかねません。ストレッチはトレーニングとセットで行いたい大切なプロセスなのです。

体幹を構成する筋肉は……

体の前後左右ぐるりと1周

ストレッチで 刺激を与える

体幹にスイッチが入る ON

体幹を効率よく鍛える 3STEP

体を無理なく動かすためには、筋肉をほぐすストレッチと、トレーニング効果を高めるドローインをセット行いましょう。体幹トレーニングの効果をより実感できます。

1 STEP　柔軟性アップ

▶ストレッチ

筋肉の柔軟性やバランスを高め、ケガを防止。

▶p.86 ～ 99

↓

2 STEP　体の軸を安定させる

▶ドローイン

体幹強化に必要なインナーマッスルを鍛える。

▶p.60 ～ 63

↓

3 STEP　全身を引き締める

▶体幹トレーニング

筋肉の動きをスムーズにし、全身を引き締める。

▶p.100 ～ 137

回数をこなすことより正しいフォームが大切

誤ったフォームは体を痛める危険が大！

トレーニングは回数が多いほど効果があると思っていませんか？　回数にこだわると、フォームが疎かになります。腹筋の場合、反動をつけるため腰を反らせる人が多くみられますが、効果があまりないうえに、腰痛を引き起こすリスクがあります。体幹トレーニングは回数やスピードを競うものではありません。**ターゲットとなる筋肉を意識し、ゆっくりした呼吸とともにじっくり負荷をかけることが大切なのです。**その際、体が不自然に曲がっていないか、腰は反っていないか、肩や骨盤の左右バランスは整っているかなど、**自分のフォームと「正しいフォーム」を見比べながら行ってください。**

効果的なトレーニングを行うポイント

- 勢いはつけない
- 鍛えている筋肉を意識しながらゆっくり行う
- 呼吸を止めない
- ドローインを心がける
- 無理はしない

正しいフォーム

背中から腰までが一直線に
なっていることが理想。

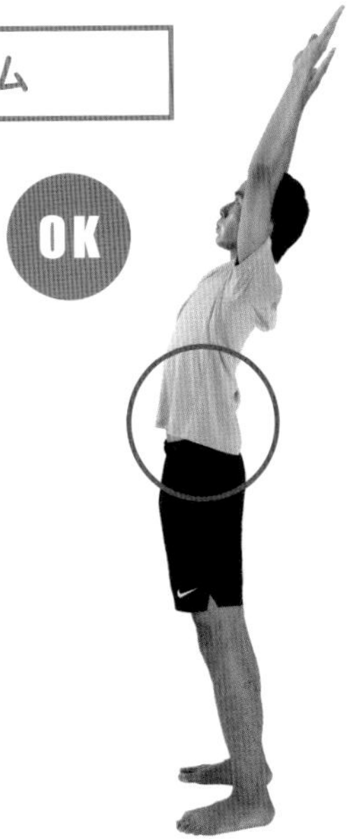

腹圧がしっかりかかっている
ため、骨盤が安定する。

安全かつ効果的に体幹を鍛えられる

間違ったフォーム

腰を引きすぎてしまい、
腰と首に負担がかかる。

腹圧が抜けているため、
何回行っても効果なし！

効果なし＆腰痛やケガの一因になってしまう

1日3分を週3日からスタート

明確な目標を立てモチベーション維持！

トレーニングで成果を出すためには目標が必要です。とはいえ、あまりに高い目標を掲げてしまうと、張り切りすぎて、途中で疲れてしまったり、投げ出してしまったりすることにつながりかねません。まずは「お腹を2センチ凹ます」「猫背を治す」など、短期で達成できそうなものがおすすめです。それが達成できた段階で、もう少し高い目標を設定する。そうして続けていけば、気づいたときには大きく体が変化しています。**トレーニング時間をある程度固定することもコツ。**スマホやパソコンのリマインド機能を利用したり、手帳に印をつけたり工夫しましょう。**最初の1週間は1日ずつ違うトレーニングを2種目選んで毎日行います。**毎日違うトレーニングなら飽きることを防げますし、ターゲットとなる筋肉が変わってきますので、幅広い効果が得られます。2週目以降は1週間のうち3日でOKですが、体力に合わせて増やしてもいいでしょう。

成功には目標設定が不可欠！

目標を明確にしよう

- 夏は水着を着る
- フルマラソンを完走する
- 細身のスーツが似合う体型になる
- 夏までにウエスト3cm減
- 同窓会で「若い」と言われる

週3日、3種目、3分を
3週間続けてみよう！

トレーニングを継続することが体幹強化の第一歩。ここに示したステップに従って、できれば3週間続けてみて。自分なりの飽きない方法を見つけることが継続のコツ。

1 STEP ▶ストレッチ ……p.86～99
↓
2 STEP ▶ドローイン ……p.60～63
↓
3 STEP ▶体幹トレーニング ……p.100～137

1週目

毎日違う2種目を1～3セット行う。

2週目

週に3日、好きな3種目を1～3セット行う。

3週目

週に3日、好きな3種目を3セット行う。

このなかから組み合わせる

上半身ストレッチ
▶p.86

足腰ストレッチ
▶p.90

背中ストレッチ
▶p.94

体幹トレーニング
▶p.100

足腰トレーニング
▶p.106

背中トレーニング
▶p.116

下半身バランストレーニング
▶p.124　▶p.126

足指トレーニング
▶p.138

自宅でできる自重トレーニング

場所も器具も不要！思い立ったらすぐ開始

トレーニングに興味はあるものの、なかなかはじめられない人もいるかもしれません。でも、ドローインやストレッチを含め、本書で紹介している体幹トレーニングは**自重（自分の体重）をかけるだけで、特別な器具は使いません。**自宅で行えるため、ジムに通う必要もなく、今この瞬間からはじめられます。

自重を使うトレーニングは、筋肉や関節に必要以上の負担がかからないので、**安全性が高いということも大きなメリットです。**体力に自信のないというシニアの方も無理なく取り組めます。短い時間でこなせるものばかりですが、続ければ確実に体は変化します。腹圧や体幹バランスの強化、柔軟性の低下によって起こる不調や姿勢の改善など、本書目的別のエクササイズを用意しているので、慣れてきたら、自分用にカスタマイズすることもできます。自重トレーニングの効果をより高めるためには、体のどこに効いているのかを常に確認しながら進めましょう。

体幹トレーニングを行う前に

毎日やるべき？

毎日やらなくていい

たとえ1日おきでも続ければOK。途中で投げ出さないよう自分のペースを作って。

体調不良で……

体を休ませよう

無理してやると逆に筋肉を痛めてしまう。トレーニングはベストコンディションで。

どれくらいで効果が出る？

早くて3週間

腹圧強化トレーニングなら3週間で効果を実感できる。継続すれば必ず結果がでる。

自重トレーニングはいつでも、どこでもできる！

メリット1

特別な器具は不要！

自重でできるので、特別な器具を用意する必要はなし。負荷も自分のペースに応じて調整できる。

メリット2

1日数分でもOK！

1日のうちでトレーニングに要する時間はほんの数分。そのため、日常生活の中のすきま時間で十分行える。

メリット3

ちょっとしたスペースでできる！

大きく動くことはないので、広いスペースは必要なし。思い立ったらその場ですぐできるのがうれしい。

飽きずに続ける「習慣化」のコツ

日常の習慣とセットで運動をルーティン化

トレーニングを毎日続けるためのコツを紹介します。日常の中に習慣として運動を定着させるためには、**毎日必ず行うこと（習慣）と体幹トレーニングをセットにすることです。**例えば、「お風呂上がりや寝る前には必ずストレッチをする」「顔を洗ったら、そのまま鏡の前でドローインする」「いつも見ているテレビドラマのCMの間をトレーニングの時間にする」などです。毎日のルーティンとして歯を磨かないと気持ちが悪いと感じるように、トレーニングをしないと落ち着かないと思えたら成功です。

トレーニングで一番難しいのが、継続し習慣化すること。うっかり忘れた、なんとなく気が乗らないなどの理由で1日休んだら、そのまま挫折してしまった、というのはよくある話です。トレーニング習慣を定着させるためには、**すでにある日常の習慣とセットにしてルーティン化すれば、意識しなくても体が動くようになります。**

続ける秘訣1 ～小さな成功体験～

まずは短期間で達成できそうな目標からスタート。成功体験が次へのモチベーションにつながり最終ゴールに近づく。

続ける秘訣 2 ～習慣化の力を利用～

日常生活で何気なく行っている習慣をトレーニングのスイッチにすれば、挫折を防ぐことができる。長く続けるには、実行しやすい習慣とセットにするのがおすすめ。

ある習慣と結びつける → **無理なく続けられる！**

＼例えば…／

お湯が沸くまでトレーニング

朝コーヒーを淹れるためにお湯を沸かす、その数分間を利用する。

寝る前にストレッチ

ベッドの上でストレッチをすれば、スムーズに眠りにつける。

習慣化のポイント

- 日常生活の中で行っている習慣と結びつける
- 「いつ」「どこで」「何を」するかを明確にする
- 朝できなかったら夜行うなど、もしものときの対策を決めておく

体幹トレーニングは体のベース作り

筋肉を鍛える前に体幹をしっかり整える

体幹トレーニングでは、腹横筋など**内臓の周りにあるインナーマッスルを鍛えます。**一方、筋肉トレーニングで鍛えるのは、腹直筋などのアウターマッスルです。筋トレで腹筋を鍛えても、インナーマッスルが弱いままでは筋力のバランスを崩し、ケガを引き起こしかねません。プロサッカー選手の長友《ながとも》佑《ゆう》都《と》選手は大学時代から腰痛を患い、何度も大きなケガに襲われましたが、体幹トレーニングでインナーマッスルを鍛え、筋力バランスを改善。筋肉のコルセットで体幹部を覆うようにして腰痛を改善しました。筋トレで効果を上げるためには、**まず体幹部分を強化することが大切なのです。**

体幹トレーニングで体の下地がしっかりできれば、ケガをしにくい体ができ上がり、筋トレなどのトレーニングの効果もグンと上がります！

筋肉と体幹は両方鍛えるのがベスト

体幹トレーニングは
体のバランスが安定する

主に胴体部分を鍛える

胴体まわり（肩関節、股関節）も鍛える

＼効果／

インナーマッスル強化

体型維持

ケガの予防

姿勢矯正

↓

体の下地ができ上がる

↓

さらに強い体を作りたいなら

筋トレなどで筋力を増強する！

力をチェック

まずは自分の体幹力を確認してみましょう。どちらもシンプルですが、これで体幹力がどのくらいか、下半身としっかり連動できているかがわかります。

体幹力チェック①

片脚を上げてバランスを崩さず立つことができるかをチェック。

30秒
キープできるか
チェック!

ゆっくり息を吐きながら片脚を上げる

あなたの体幹

横から

目線は前。

背筋がまっすぐ
伸びている。

軸足が曲がって
いない。

NG

腰が落ちると上
半身が後ろに下
がっている。

**反対の脚でも
チャレンジ**

体幹力チェック②

ひざを立てて座った状態からゆっくり上体を倒し、インナーマッスルの強さをチェック。

1 軽く足を開き ひざを立てて座る

両手をひざの上にのせる。

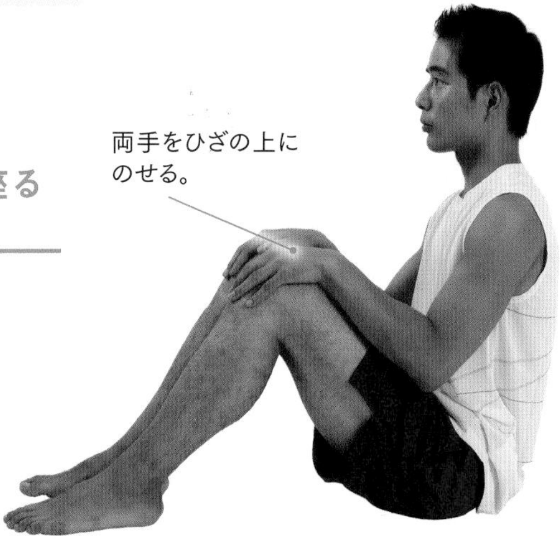

2 腕を伸ばして 上体を後ろに倒す

10秒 キープできるか チェック！

3秒かけて
上体を倒す

3 ゆっくり上体を戻す

5回
できるか
チェック！

難易度UP！体幹力チェック

5回できるか
チェック！

1

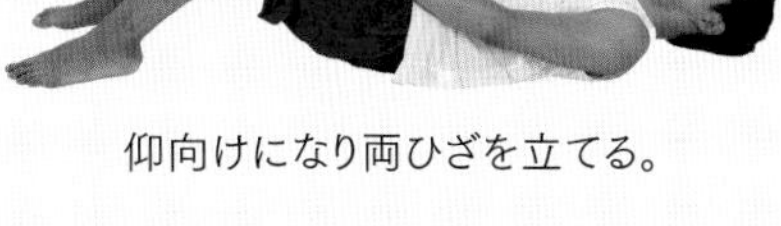

仰向けになり両ひざを立てる。

2

ゆっくり上体を起こし、
手をひざ上の位置でキープ。

理想の体を作る 目的別プログラム

目的を明確にして効率よく理想の体へ

体幹トレーニングの目的は人それぞれです。運動不足を解消したい人もいれば、ダイエット効果を高めたいという人もいるでしょう。そこで、次ページで紹介する目的別プログラムでトレーニングすることをおすすめします。慣れてきたら、複数のプログラムを組み合わせたり、種目を増やしたりしてもいいでしょう。

ただし、**必ずやってほしいのが体幹トレーニングの基本、ドローインとストレッチです。**ドローインで正しい呼吸を確認し、ストレッチで筋肉の緊張をゆるめる。これをやるとやらないとでは、**トレーニング効果に大きな差が出ます。**

慣れてきても、基本は大切

体幹トレーニングで結果を出すためには、ひとつひとつの動作を確実にやることがとても大切。自己流にならないよう、常にお手本の写真を確認しながら行うとよい。

おすすめの目的別プログラム

＼とにかく痩せたい！／

1 ダイエット

▶p.82

せっかくダイエットを頑張っても、お腹だけが痩せないのは、お腹まわりのインナーマッスルが弱いことが原因。体幹を鍛え、腹圧を強くすれば内臓をぐっと内側にしまえるので、お腹が凹む。

＼体を動かしたい！／

2 運動不足解消

▶p.83

体幹ストレッチとトレーニングはシンプルな動作だが、全身にくまなく負荷をかけられて運動効果は抜群。運動不足解消にはもちろん、運動したいけれども時間がないという人にもおすすめ。

＼美しく見せたい！／

3 姿勢改善

▶p.84

姿勢の悪さは、体の不調に加え「見た目が暗い」「やる気がなさそう」などと見られてしまう恐れもあり。体幹を鍛えいい姿勢を保てればマイナスイメージを払拭できて、気持ちも明るくなれるはず。

＼強い体になりたい！／

4 ボディメイク

▶p.85

体幹が強くなれば筋力も効率よく鍛えられ、外見の美しさにもつながる。スポーツのパフォーマンスアップはもちろん、日常生活での動きもしなやかになるので、ケガや病気の予防にも。

目的別プログラム① ダイエット

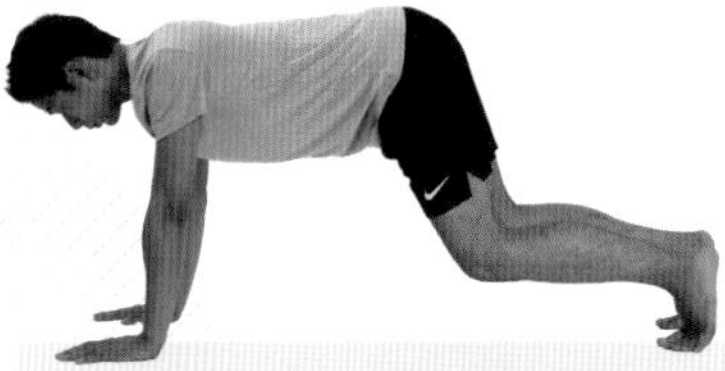

1 ひざ上げクランチ

▶ p.101

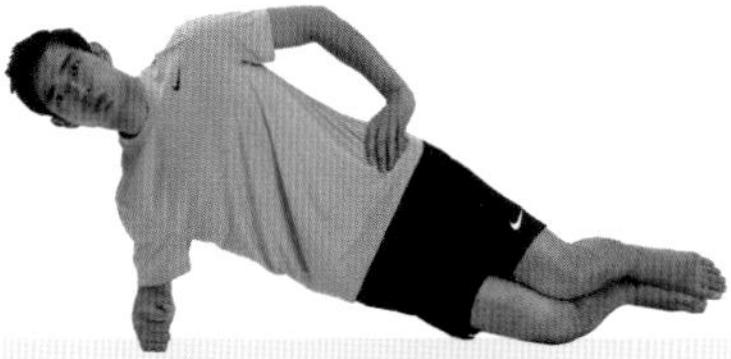

2 サイドブリッジ

▶ p.103

3 V 字クランチ

▶ p.104

4 ペットボトルキープ

▶ p.123

5 上体ひねり

▶ p.128

6 腕の水平引き寄せ

▶ p.134

目的別プログラム②　運動不足解消

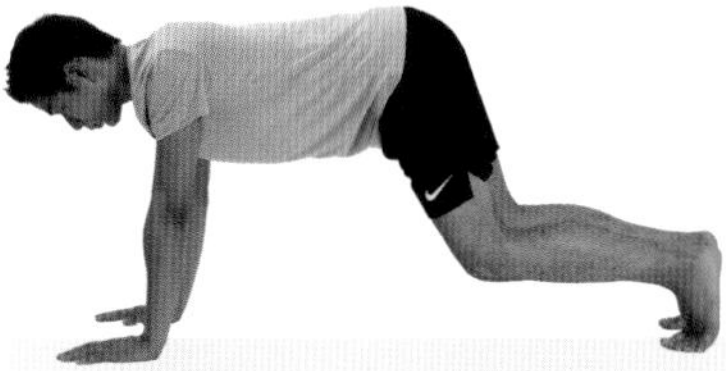

1 ひざ上げクランチ

▶ p.101

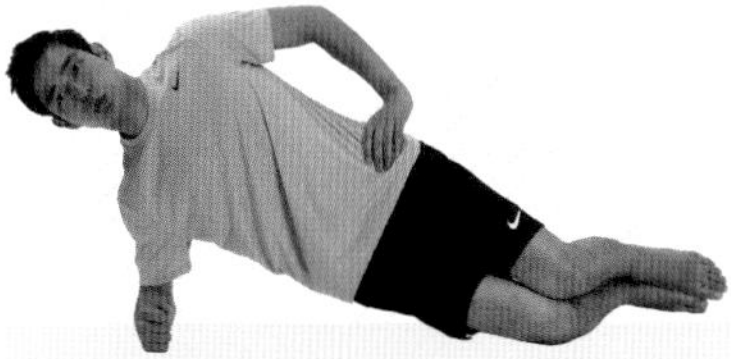

2 サイドブリッジ

▶ p.103

3 スクワット

▶ p.106

4 片脚スクワット

▶ p.112

5 腕の上げ下げ

▶ p.120

6 かかと上げ

▶ p.127

目的別プログラム③ 姿勢改善

1 スクワット

▶ p.106

2 踏み込み
スクワット

▶ p.110

3 上体反らし

▶ p.116

4 肩回し

▶ p.118

5 片脚立ち

▶ p.124

6 上体ひねり

▶ p.128

目的別プログラム④ ボディメイク

1 フロントブリッジ

▶ p.102

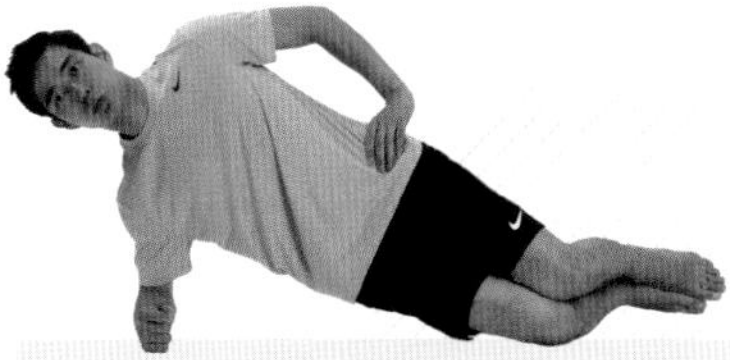

2 サイドブリッジ

▶ p.103

3 V 字クランチ

▶ p.104

4 ツイストバランス

▶ p.114

5 踏み込み
スクワット

▶ p.110

6 片脚かかと上げ

▶ p.131

上半身ストレッチ

ターゲット ▶ お腹

①脇腹を伸ばす

脇の下から脇腹までしっかり伸ばして、
猫背の矯正や肩こりの解消を！

1 両ひざを開き、左右の足裏を合わせる

吸う

右手は腰に
添える。

左腕をまっすぐ
上げる。

吐く

3秒で倒し、
7秒キープ

左側のお尻は
しっかり床に
つける。

2 左腕を上げたまま右側へ体を倒す

反対の腕も
同様に行う

ココを意識
▶お腹

ターゲット▶お腹、背中

②脇腹と背中を伸ばす

脇腹や背中をしっかり伸ばして、腰痛予防や姿勢矯正にも働きかける。

1　右ひざを立て、伸ばした左脚の外側に置く

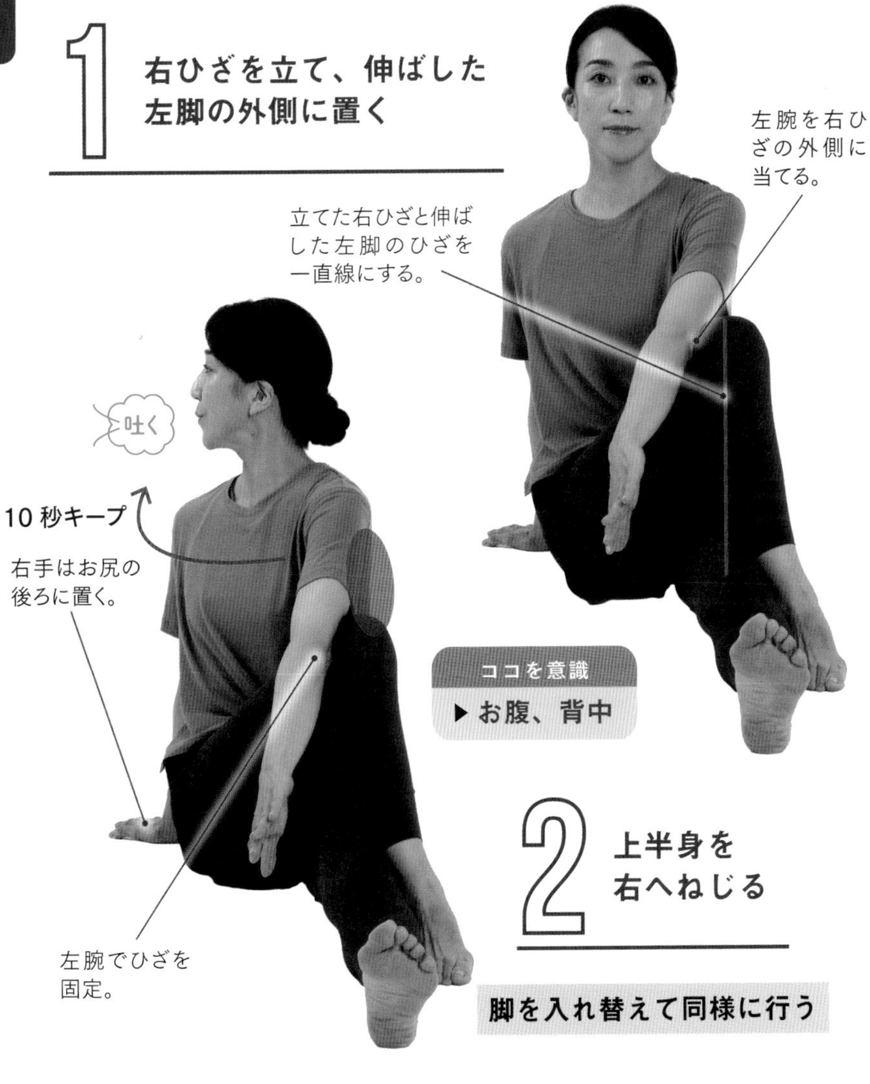

2　上半身を右へねじる

脚を入れ替えて同様に行う

ターゲット▶お腹

③脇腹と股関節を伸ばす

骨盤のゆがみがとれ代謝がよくなる。
太りにくい体になりダイエット効果も抜群。

1 うつぶせになり 右脚のひざを曲げ 左脚は伸ばす

両手は胸の横に置く。

2 両手で床を押して 上体を起こす

3 右肩越しに 後ろを振り返る

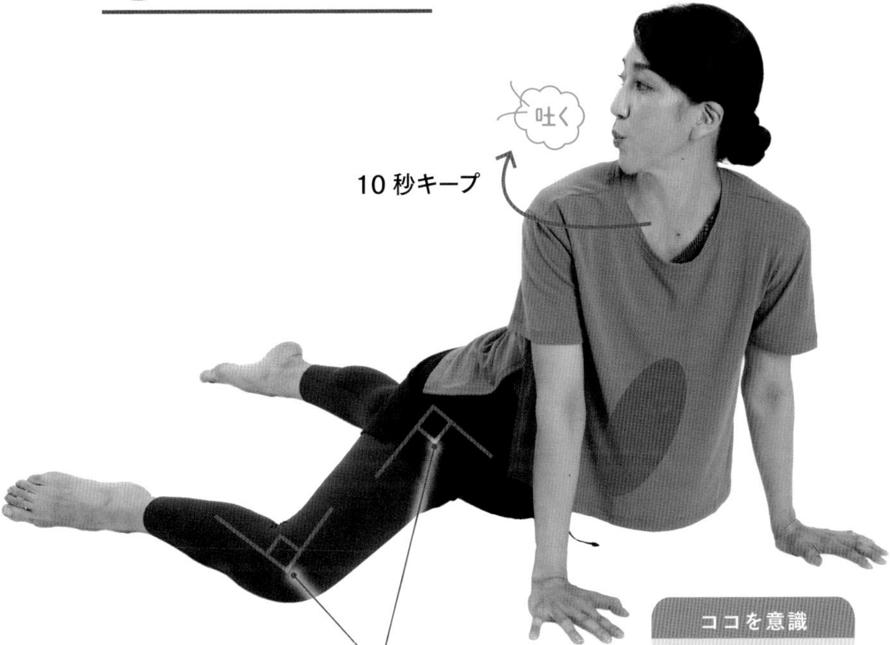

股関節、ひざの角度をそれぞれ90度にする。

ココを意識
▶お腹

脚を入れ替えて同様に行う

足腰ストレッチ

ターゲット▶内もも

①太ももの内側を伸ばす

正しい姿勢をキープするには、太ももの内側をやわらかくすることが大切。

1 両ひざを開き
両手で足裏を
合わせて座る

ココを意識
▶内もも

2 背筋を伸ばしたまま
体を前に倒す

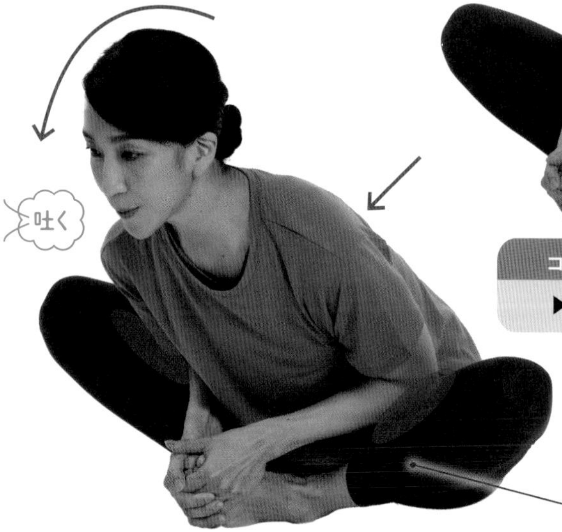

足を体に引きつける。

ターゲット▶太もも（後ろ）

②太ももの裏側を伸ばす

太もも裏をやわらかくすることで血行がよくなり、疲労物質の排出がスムーズになる。

1　両手を床につき 右脚を前に 左ひざは立てる

2　お尻を 後ろへ引く

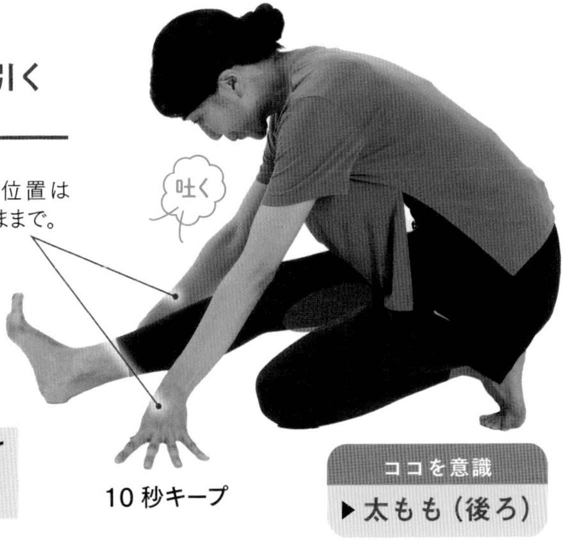

→

脚を入れ替えて同様に行う

ココを意識
▶太もも（後ろ）

ターゲット▶太もも（前）

③前ももからお腹を伸ばす

前ももからお腹にかかる腸腰筋を鍛えると、骨盤が安定する。

1 右脚を前に左ひざを立てる

2 背骨を伸ばしたまま右脚へ踏み込む

ココを意識
▶太もも（前）

脚を入れ替えて同様に行う

ADVICE

バランスがとりにくい人は、後ろ脚の指を立てると安定しやすい。

ココを意識

▶太もも（前）

POINT

バランスがとれるようになったら、つま先は寝かせてチャレンジ。

背中ストレッチ

ターゲット ▶ お腹、背中

①背骨の柔軟性を高める

背骨を動かせば自律神経が整い、心と体の不調改善に力を発揮する。

1 よつんばいになる

肩の真下に両手、
骨盤の真下に両
ひざを置く。

2 手のひらで床を押すようにして背中を丸める

ココを意識
▶背中

目線をおへそに向ける。

3 目線を上げて背中を反らせる

回数：10回

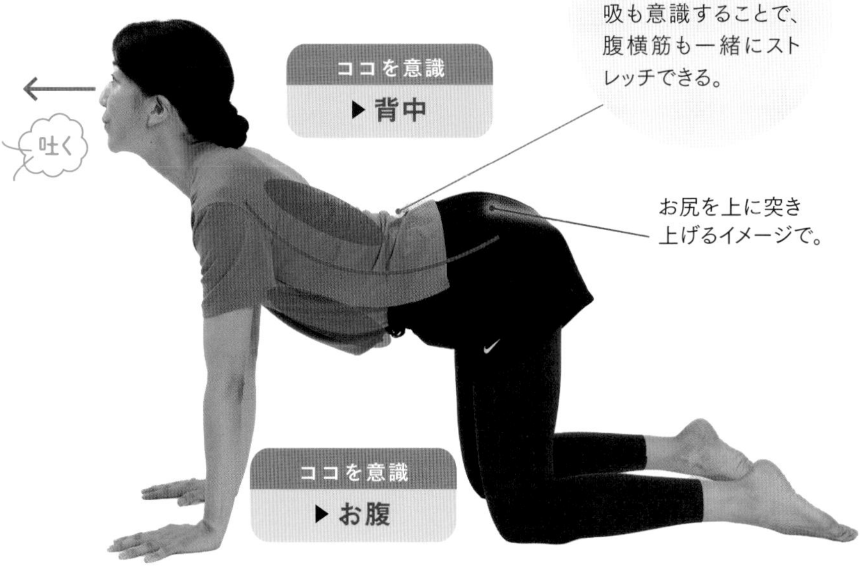

ココを意識
▶背中

POINT
背骨ひとつずつを動かすイメージで。呼吸も意識することで、腹横筋も一緒にストレッチできる。

お尻を上に突き上げるイメージで。

ココを意識
▶お腹

ターゲット▶背中

②肩と背中を伸ばす

肩から背中をストレッチし、慢性的なこりを改善。

1 よつんばいになる

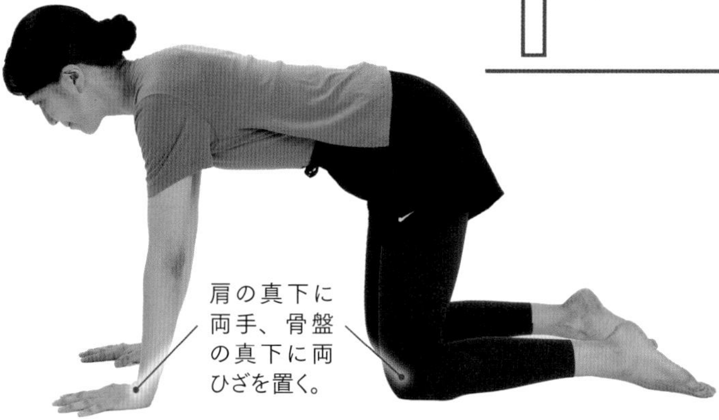

2 右腕を左の脇の下から左へ通す

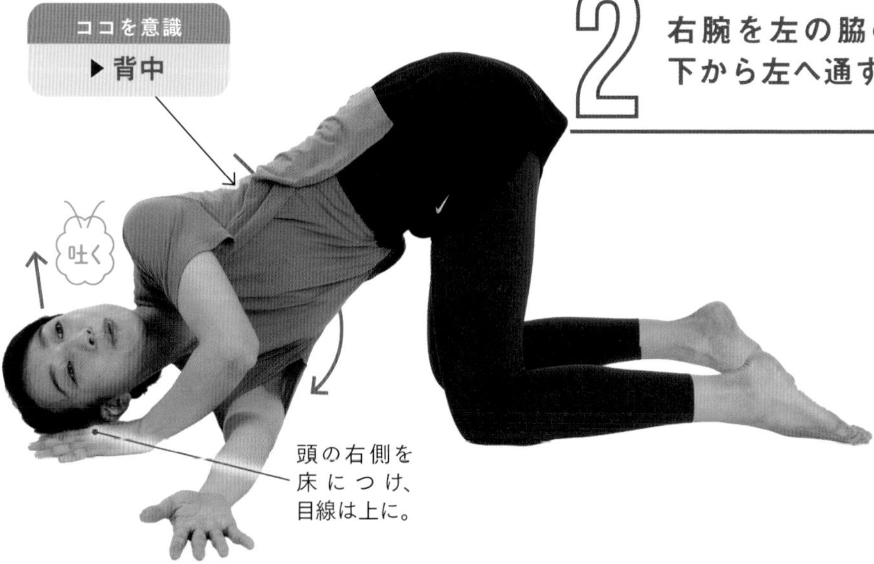

3 右腕を引き抜いて真上に持ち上げる

ココを意識
▶ 背中

反対の腕も同様に行う

動画でも紹介

ターゲット▶背中

③背中と脇腹を伸ばす

シンプルな動きだけに、しっかりと負荷をかけることが大切。

1 手をクロスして肩の上に置く

2 上半身を左へねじる

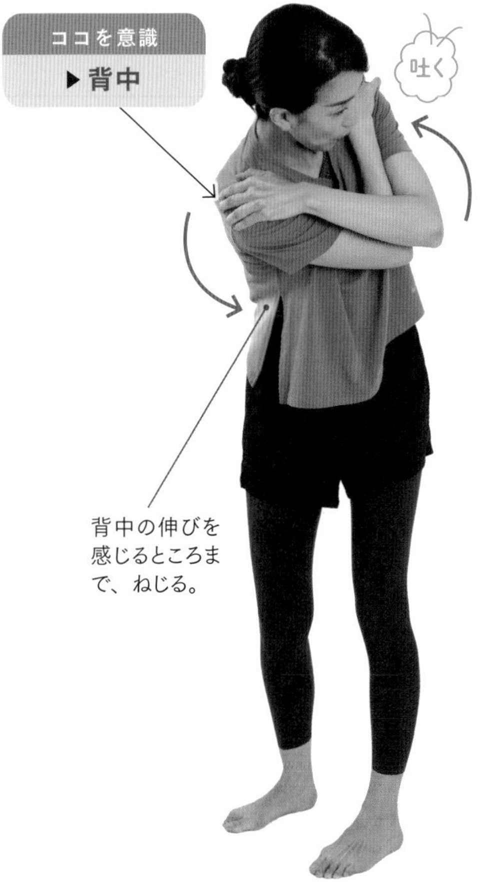

3 体を正面に戻す

4 反対の右側にねじる

回数：左右各 10 回

ココを意識
▶背中

POINT
なるべく手を肩の後方に置いてねじると、効果がアップ。

体幹トレーニング

ターゲット ▶ お腹から太もも（前）

①クランチ

腹筋を意識して行えば、代謝アップとお腹の引き締め効果が期待できる。

1 仰向けに寝て 両ひざを立て 左脚を持ち上げる

すねを床と平行にする。

POINT

頭だけが浮いた状態にならないよう、両肩と胸を起こす。

2 3秒かけて ゆっくり肩と 胸を起こす

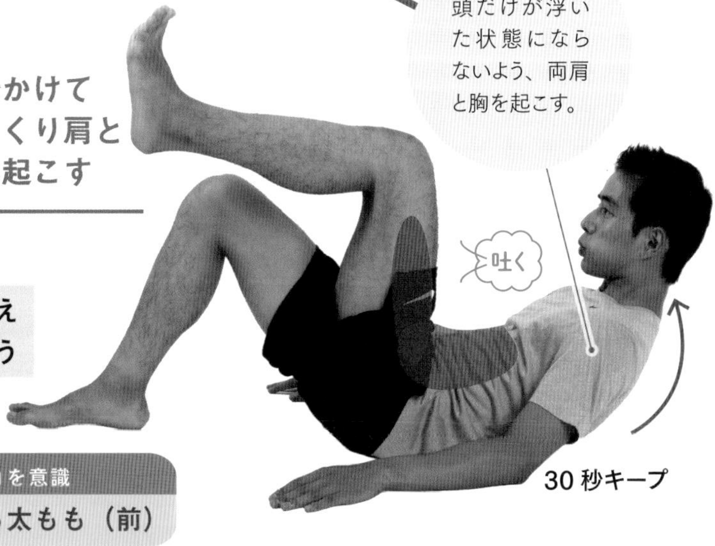

脚を入れ替えて同様に行う

ココを意識

▶ お腹から太もも（前）

ターゲット▶お腹、背中

②ひざ上げクランチ

腹筋に力を入れてぐっと引き上げると、腹直筋が鍛えられ、内臓を支える力が強くなる。

1 よつんばいになる

2 ひざを床から浮かせる

ココを意識
▶背中

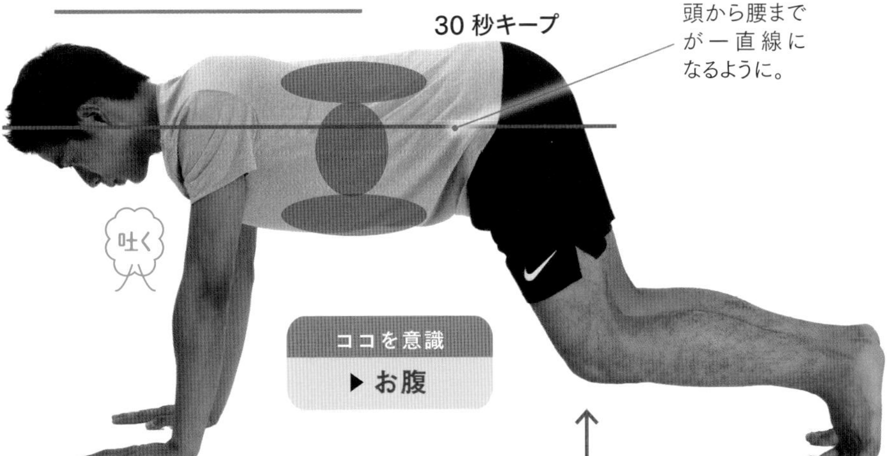

ターゲット ▶ お腹、背中

③フロントブリッジ

全身を一直線にキープすることで、背中や腰まわりなどの筋肉に働きかける。

1 うつぶせになり
肩の真下でひじをつく

2 3秒かけてひざを上げ
7秒キープ

回数：5回×3セット

POINT

お腹が落ちないように意識して。

ココを意識
▶ 背中

頭、肩、腰までを
一直線に。

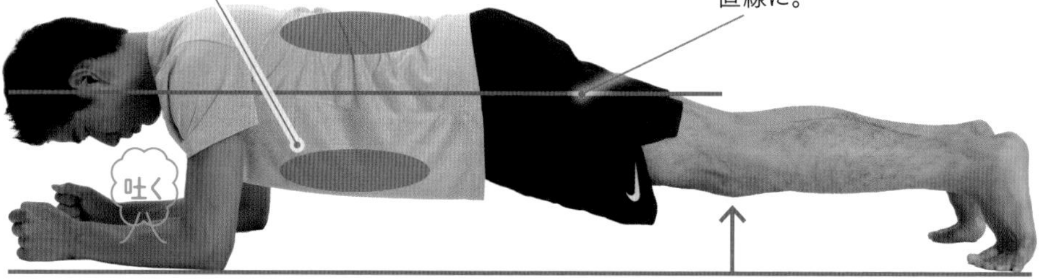

ココを意識
▶ お腹

ターゲット▶お腹

④サイドブリッジ

上半身が前に傾かないよう腹筋にしっかり力を入れて、息を吐きながら体を起こす。

1 横向きになり右ひじを床につく

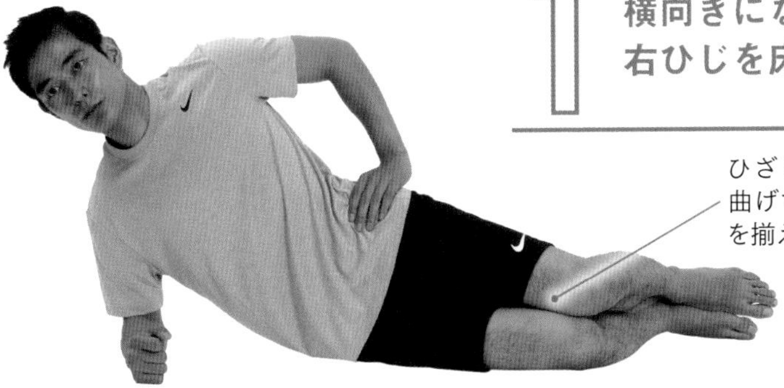

2 3秒かけて腰を上げ7秒キープ

ココを意識
▶お腹

回数：左右各5回×3セット

手と脚を入れ替えて同様に行う

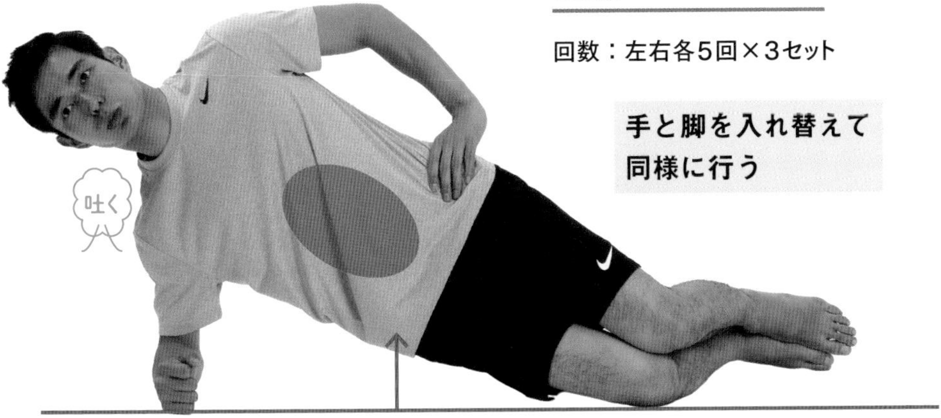

ターゲット▶お腹から太もも（前）

⑤V字クランチ

ドローインの要領で呼吸をしながら行えば、お腹まわりの筋肉がより効果的に鍛えられる。

1 仰向けから上体を起こし ひじをついて右ひざを立てる

POINT

ドローインでしっかりお腹をかためてから行えば、効果アップ。

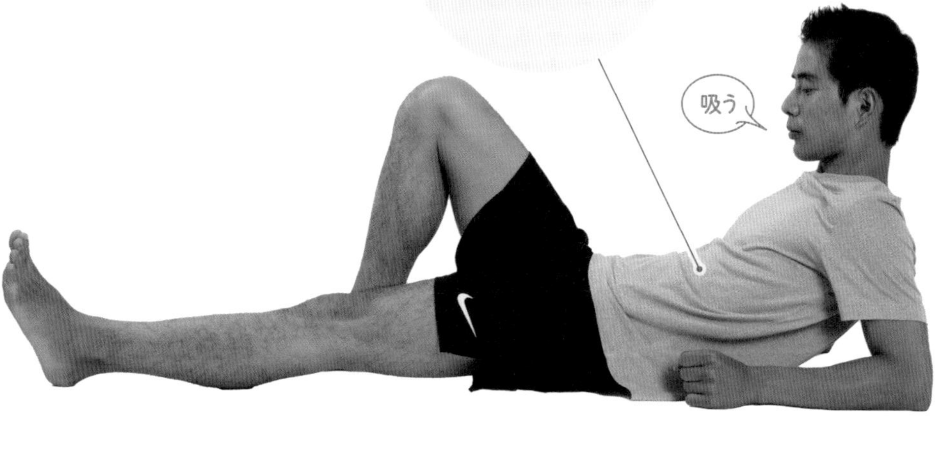

2 左脚を右ひざの高さまで持ち上げる

回数：左右各 10 回×3セット

3 秒かけて
ゆっくり上げ、
7秒キープ

POINT

脚を上げる際は、おへそをのぞき込むイメージで。

脇を入れ替えて同様に行う

ココを意識

▶ お腹から太もも（前）

POINT

腰を床にぐっと押しつけて体を安定させる。

動画でも紹介

NG

脚を上げたときに腰を床から離してしまうと効果が半減。腰も痛めてしまう。

足腰トレーニング

ターゲット▶お腹、お尻

①スクワット

ゆっくりしゃがむことで、お尻や太ももなどに働きかける。腹圧も強化され、ぽっこりお腹の解消にも。

1 腕をまっすぐ前に伸ばして立つ

背筋はまっすぐ伸ばす。

脚を肩幅に開く。

ADVICE

バランスをとりにくい人やシニアは椅子に座って行うとよい。
▶p.185 で紹介

2 腕をまっすぐ伸ばしたまま お尻を後ろに引きつつ腰を下ろす

回数：10 回

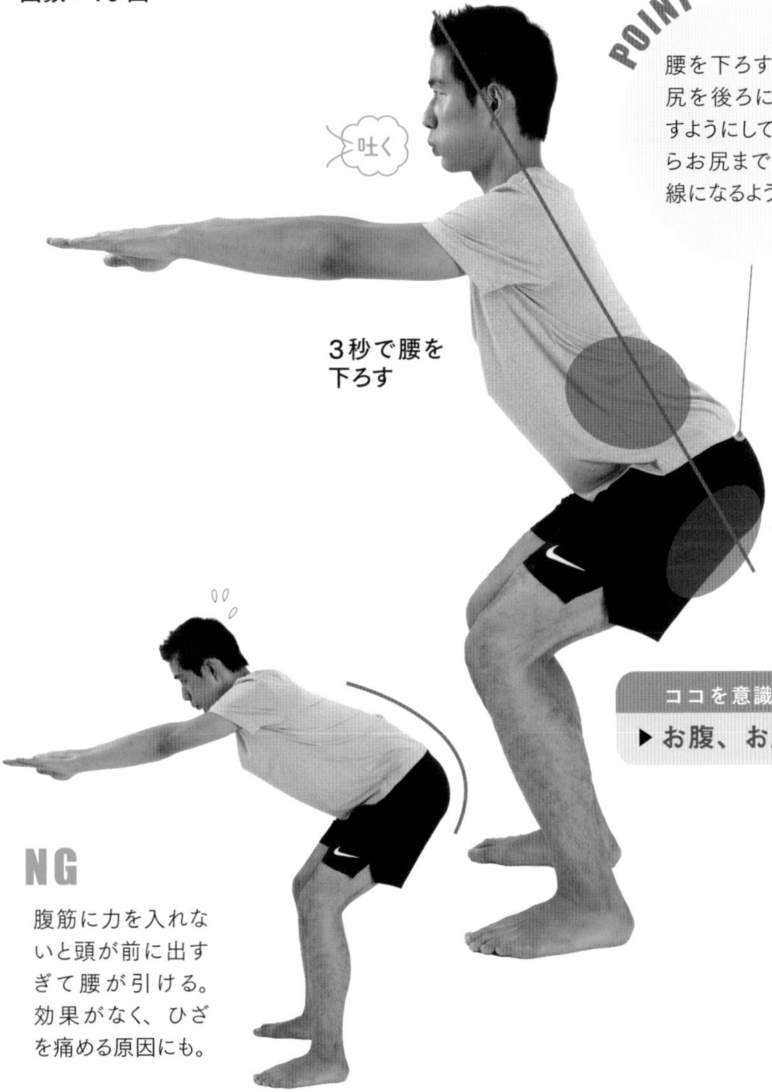

3秒で腰を
下ろす

POINT

腰を下ろす際はお尻を後ろに突き出すようにして、頭からお尻までが一直線になるよう意識。

ココを意識

▶ お腹、お尻

NG

腹筋に力を入れないと頭が前に出すぎて腰が引ける。効果がなく、ひざを痛める原因にも。

ターゲット▶太もも（前）、お尻

②前かがみスクワット

腰を反らせないように注意して上半身を倒す。腹圧を意識し腹筋・背筋を鍛える。

1 両手を腰に当て脚を前後に開いて立つ

2 後ろ脚のひざをさらに曲げ3秒で上半身を倒す

回数：左右各10回

3秒かけて前屈

背筋は伸ばしたまま。

ココを意識
▶お尻

ココを意識
▶太もも（前）

POINT

上半身を倒す際、重心は後ろの曲げた脚のほうに置く。

脚を入れ替えて同様に行う

ターゲット▶太もも（前・後ろ）、お尻、ふくらはぎ

③踏み込みスクワット

一歩踏み出すようにしてバランスをとるには体幹力が求められる。

1 両手を腰に当て、片方の脚を後ろに大きく引く

2 背筋をまっすぐ伸ばしたまま、腰をぐっと落とす

回数：左右各 10 回

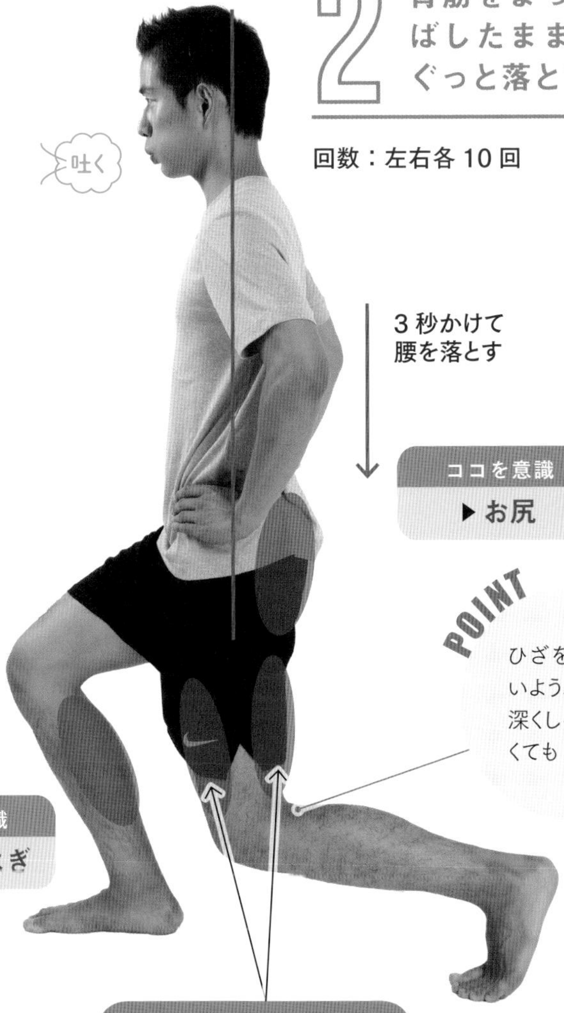

3 秒かけて
腰を落とす

ココを意識
▶お尻

POINT
ひざを痛めないよう、あまり深くしゃがまなくても OK。

ココを意識
▶ふくらはぎ

ココを意識
▶太もも（前・後ろ）

脚を入れ替えて同様に行う

ターゲット▶太もも（前・後ろ）、お尻、ふくらはぎ

④片脚スクワット

お尻の筋肉が使われて、かたくなっていることを意識。ひざはそれほど曲げなくても大丈夫。

1 右手を腰に当て 左手をお尻に添える

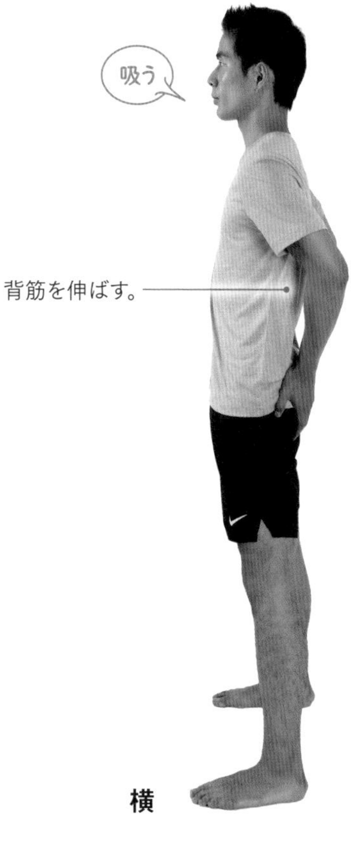

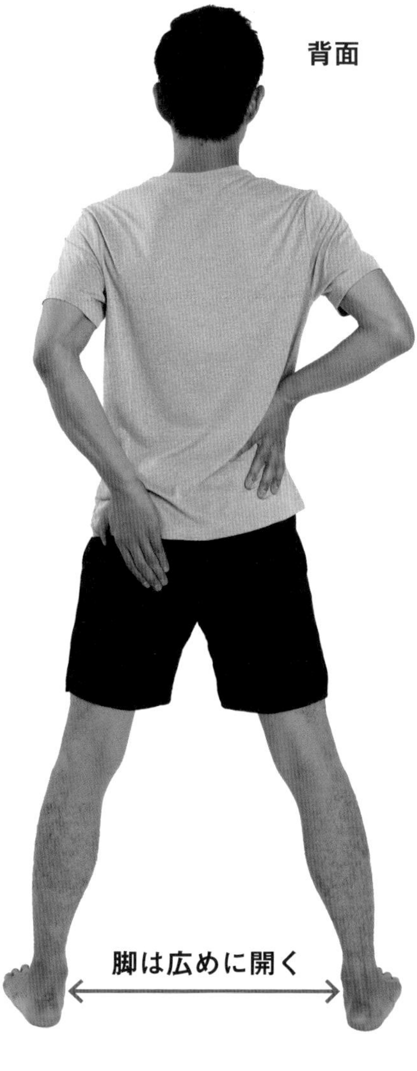

2 左脚に重心をかけて左ひざを曲げる

回数：左右各 10 回

POINT

背筋を伸ばしお尻を突き出すイメージで腰を落とす。お尻がかたくなっていれば効いている証拠。

背面

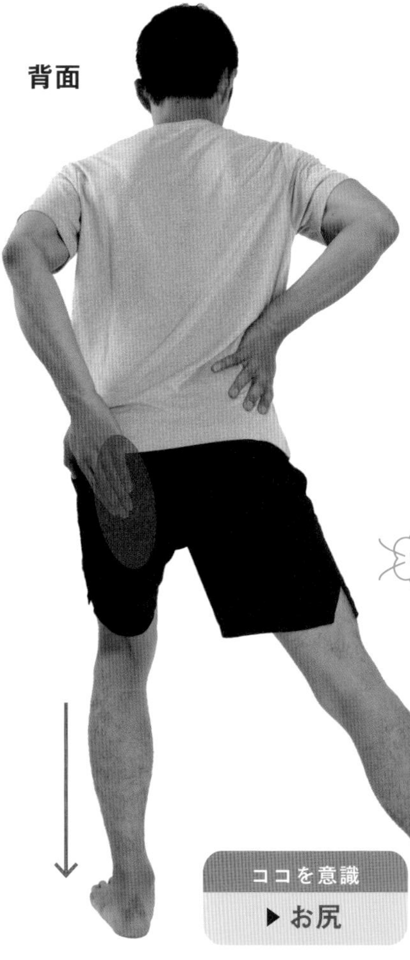

横

ココを意識
▶ お尻

ココを意識
▶ 太もも（前・後ろ）

ココを意識
▶ ふくらはぎ

脚を入れ替えて同様に行う

NG

前かがみすぎないように注意。

ターゲット▶お腹、太もも（前）

⑤ツイストバランス

中腰の状態でバランスをとりながら上体をひねることで、体幹を鍛える。

1 脚を前後に開き、腰を落とす

2 腰を落としたまま、腕を左右に動かす

回数：左右各 10 回

正面

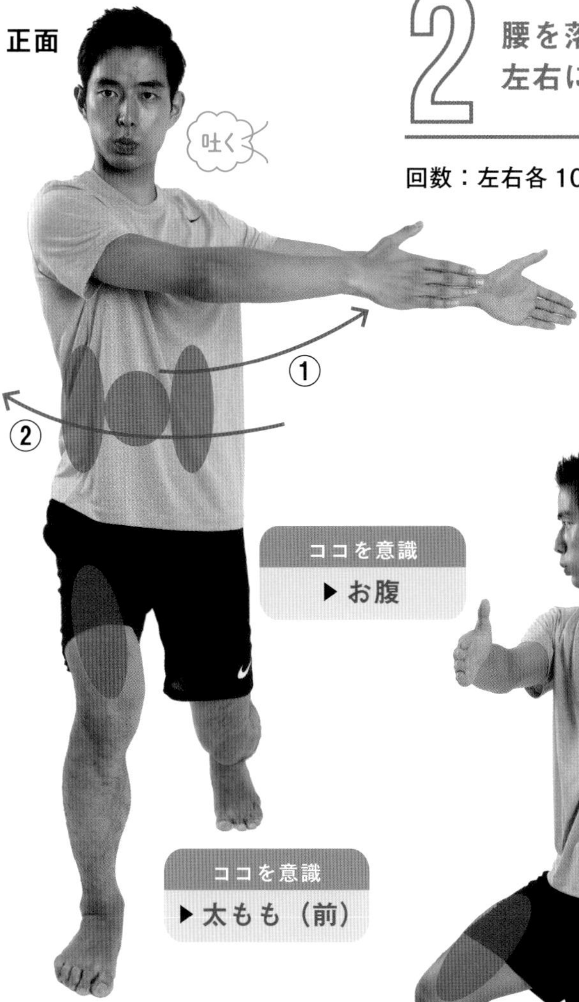

ココを意識
▶ お腹

ココを意識
▶ 太もも（前）

POINT

顔は正面に向けたまま、下半身を固定し、上体だけを動かす。

横

動画でも紹介

脚を入れ替えて同様に行う

背中トレーニング

ターゲット▶背中

①上体反らし

お腹の力が抜けないよう腹筋にしっかり力を入れよう。

1 腰幅に脚を開き立つ

ココを意識
▶背中

2 腕をまっすぐ上に上げ、上体を大きく後ろに倒す

NG

お腹を突き出すと背中の筋肉が伸びなくなる。

ターゲット▶背中

②W字トレーニング

慢性的な肩こりの原因には、肩甲骨の動きの悪さが関わっている。頑固な肩こりを解消！

ココを意識
▶背中

ゆっくり
3秒かけて
下げる

POINT

両ひじを曲げる際、肩甲骨を中央にぎゅっと引き寄せる。

1 両腕をまっすぐ上に上げる

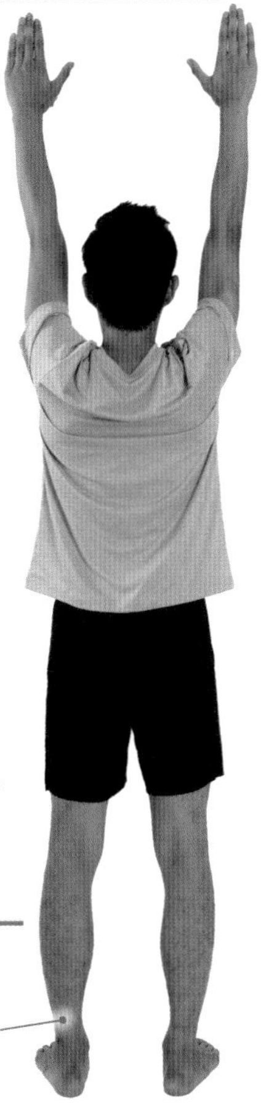

2 両ひじを曲げて脇に引き寄せる

回数：10回

腰幅に脚を開く。

ターゲット ▶ 背中、肩

③肩回し

肩甲骨をできるだけ大きく動かすことで、肩や首のこりの解消につながる。

1 指先を肩に軽く触れたまま、肩を前から後ろへ交互にゆっくり回す

動画でも紹介

2 反対に後ろから前に肩を交互にゆっくり回す

回数：前回し・後ろ回し各 10 回

正面　背面

ターゲット▶背中、胸

④腕の上げ下げ

背筋を伸ばして上体を揺らさず、腕を前後左右に動かして、可動域を広げよう。

1 腕を斜め下にまっすぐ伸ばす

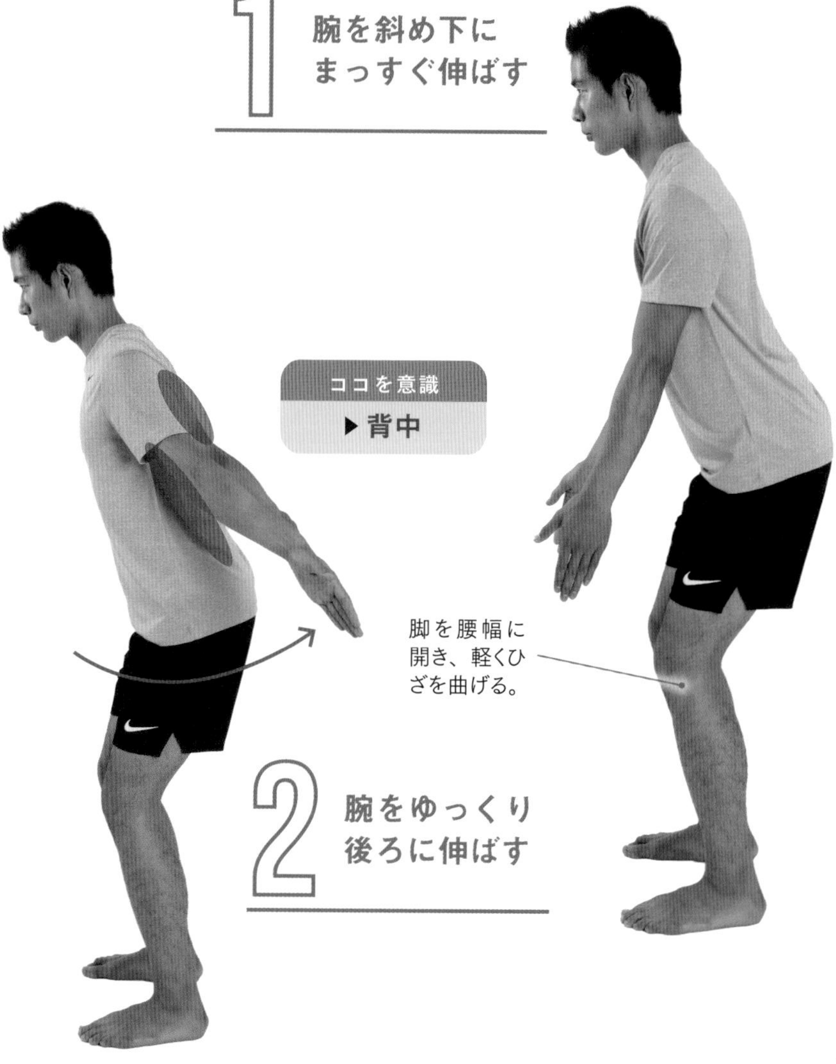

2 腕をゆっくり後ろに伸ばす

3 腕を前に動かし、肩の高さまで上げる

4 上げた腕をそのまま横から後ろに開く

5へ続く

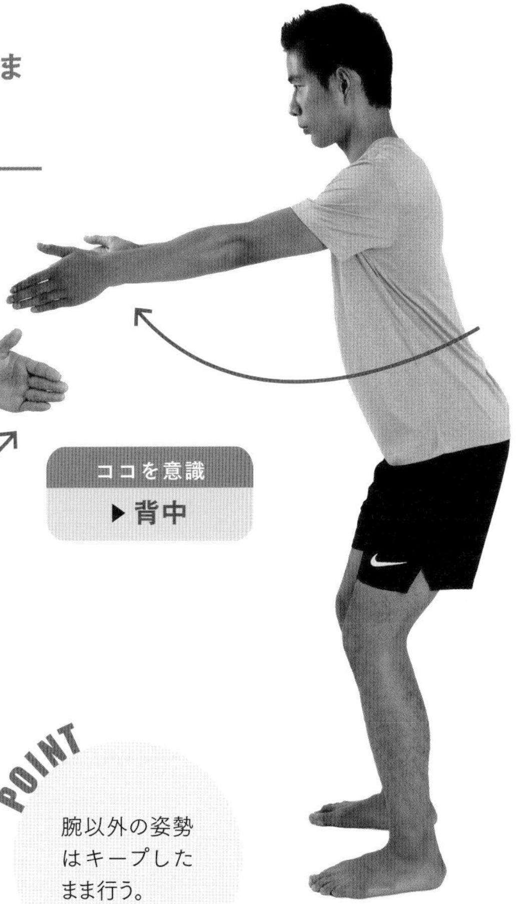

ココを意識
▶背中

ココを意識
▶胸

POINT
腕以外の姿勢はキープしたまま行う。

5 腕を前に動かし、頭の高さまで上げる

6 両腕をまっすぐ上から後ろに開く

回数：1～6を10回

ターゲット▶背中

⑤ペットボトルキープ

広背筋と同時に腕の筋肉も鍛えられ、二の腕の引き締めも期待できる。

1 両手にペットボトルを持ち、肩の高さに上げる

両ひじは90度に曲げる。

脚は腰幅に開く。

2 息を吐きながら両ひじを横に開く

回数：30回

ひじの角度は90度をキープしたまま。

POINT

ペットボトルに入れる水の量で負荷を調整可。最初は、500mℓサイズに半分の水からスタート。

ココを意識

▶背中

下半身バランストレーニング

ターゲット▶お腹、背中、お尻

①片脚立ち

普段使わない下半身の筋肉を刺激し、股関節まわりの柔軟性をアップ。腕を前に組むことでバランス力を強化する。

1 両手を胸の前で交差させ肩を軽くつかむ

正面

横

背筋を伸ばして立つ。

脚を腰幅に開く。

2 3秒かけて片脚を上げる

回数：左右各 10 回

横

ココを意識
▶背中、お尻

背筋を伸ばしたまま。

正面

ココを意識
▶お腹

3 秒で上げて
10 秒キープ

脚を入れ替えて同様に行う

ターゲット▶お腹、お尻

②壁押し

太もも上げは腸腰筋や腹筋、下半身の筋肉を鍛え、上下のバランスをとるために最適。

1 前傾姿勢で両手を壁にぐっと押しつける

2 片方の脚を３秒かけてゆっくり引き上げる

回数：左右各10回

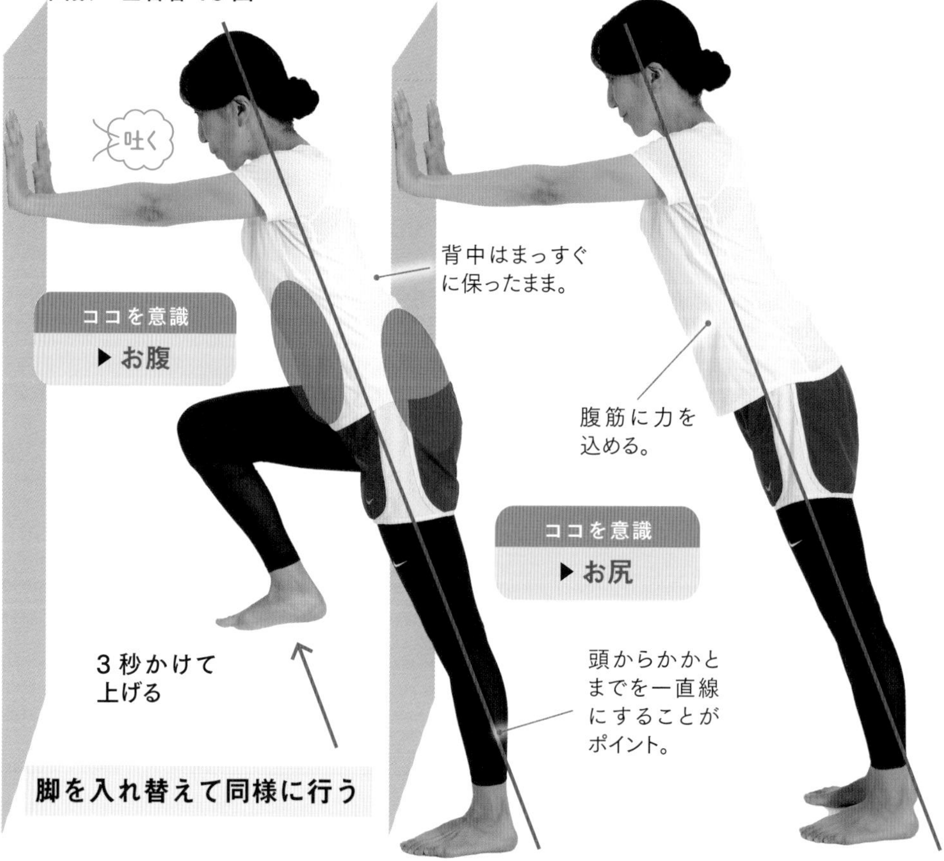

ターゲット▶太もも（前）、ふくらはぎ

③かかと上げ

ふくらはぎ、足裏、お尻など、正しい姿勢を維持するために大切な筋肉が鍛えられる。

1 ゆっくりかかとを上げる

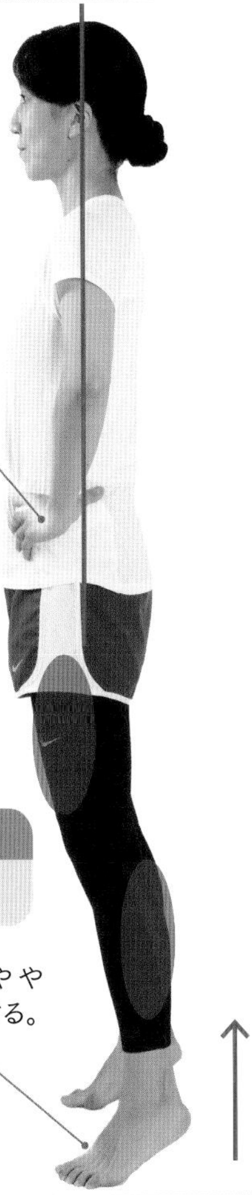

2 かかとをストンと落とす

回数：5回

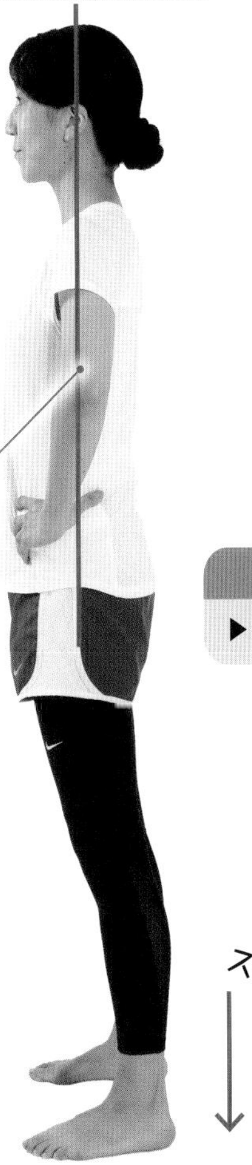

ターゲット ▶ お腹、背中

④上体ひねり

ウエストをしぼるイメージでひねる、体幹力強化に加え、お腹まわりをスッキリさせる効果も。

1 両手を前でクロスし 右脚を左脚の前に置く

正面

POINT
腹筋にぐっと力を込めて、重心は体の真ん中に置く。

左右の脚は一直線になるようにする。

背筋を伸ばす。

POINT
幅は足の大きさの半分くらい。

横

3へ続く

2 上体を右へひねる

正面

吐く

横

POINT
腰がついていかないようウェストからひねる。

ココを意識
▶お腹

ココを意識
▶背中

背筋を伸ばしたまま。

ひざは曲げない。

3 脚を前後入れ替えて左へ上体をひねる

回数：左右各 10 回

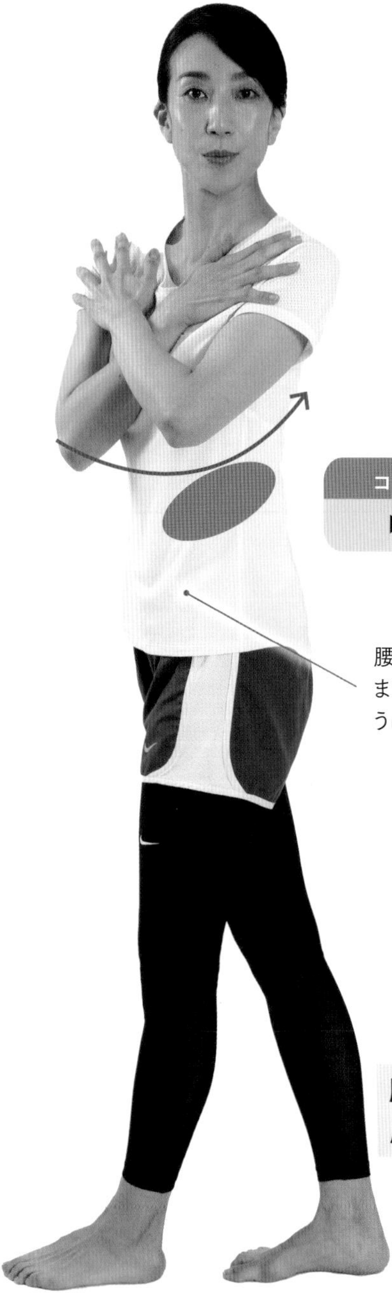

ココを意識

▶お腹

腰から下はあまり回さないように。

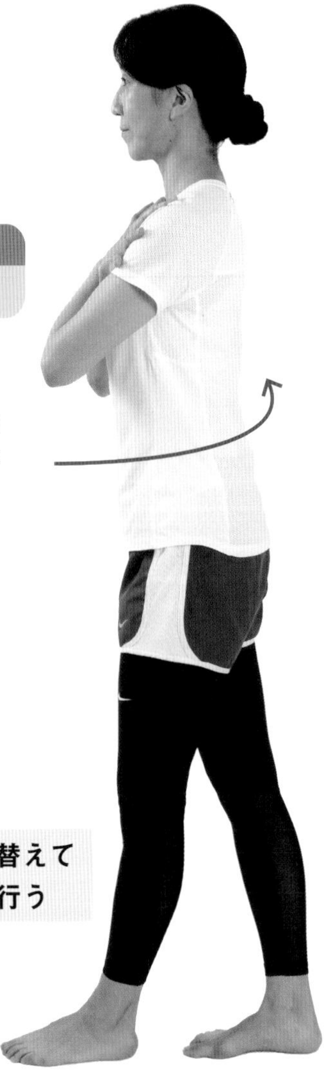

脚を入れ替えて反対側も行う

ターゲット ▶ ふくらはぎ、足裏

⑤片脚かかと上げ

ふくらはぎの筋肉に加え、パフォーマンスの向上に欠かせない足指の筋肉も鍛えられる。

1 腰に手を当て左脚を上げる

POINT

背筋を伸ばし、腹筋に力を入れバランスを保つ。

2 右脚のかかとをゆっくり上げ、ストンと落とす

回数：左右各5回

ココを意識
▶ ふくらはぎ

ココを意識
▶ 足裏

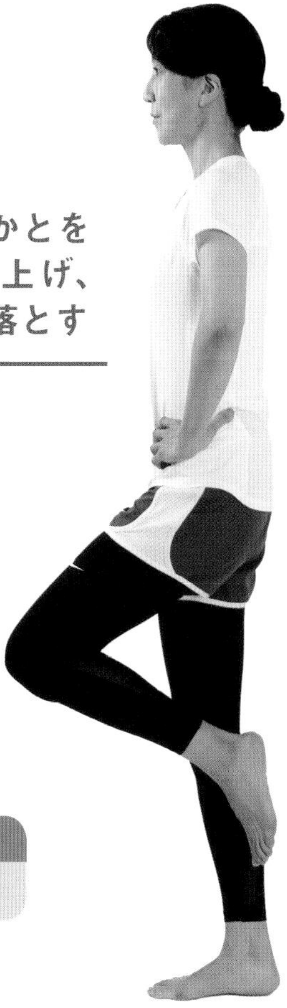

脚を入れ替えて同様に行う

ターゲット▶太もも（前）、お尻

⑥クロススクワット

お尻や太ももをはじめ下半身全体を鍛えられる。まっすぐな背筋を意識して行うとよい。

1 両手を前でクロスし右脚を左脚の前に置く

正面

左右の脚は一直線になるように並べる。

横

背筋を伸ばす。

POINT

幅は足の大きさの半分くらい。

2 ひざを曲げ腰を落とす

回数：左右各 10 回

正面

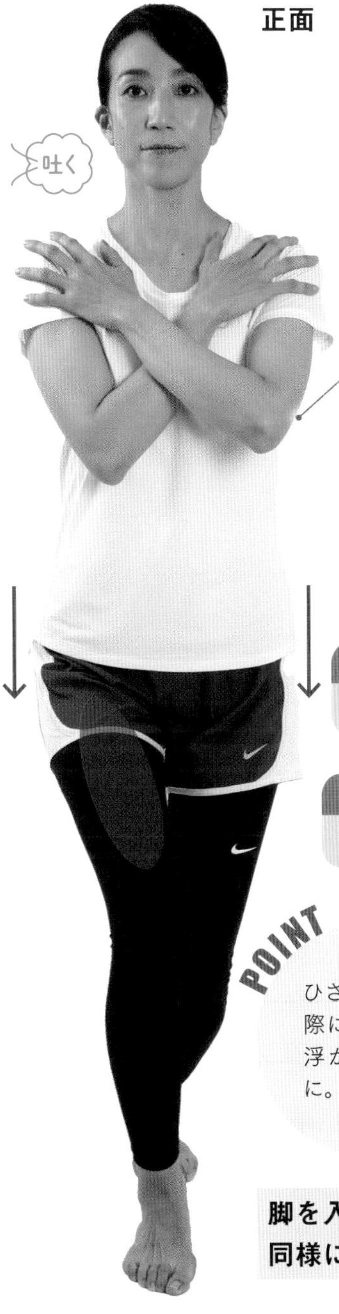

背筋は伸ばしたまま。

ココを意識
▶ お尻

ココを意識
▶ 太もも（前）

横

POINT
ひざを曲げる際にかかとが浮かないように。

脚を入れ替えて同様に行う

ターゲット▶背中

⑦腕の水平引き寄せ

体幹と同時に太ももの筋肉を鍛える。腕を体にぐっと寄せることで肩甲骨の可動域もアップ。

1 右脚を一歩前に踏み出し、両腕を伸ばす

正面

水平にまっすぐ前へ腕を伸ばす。

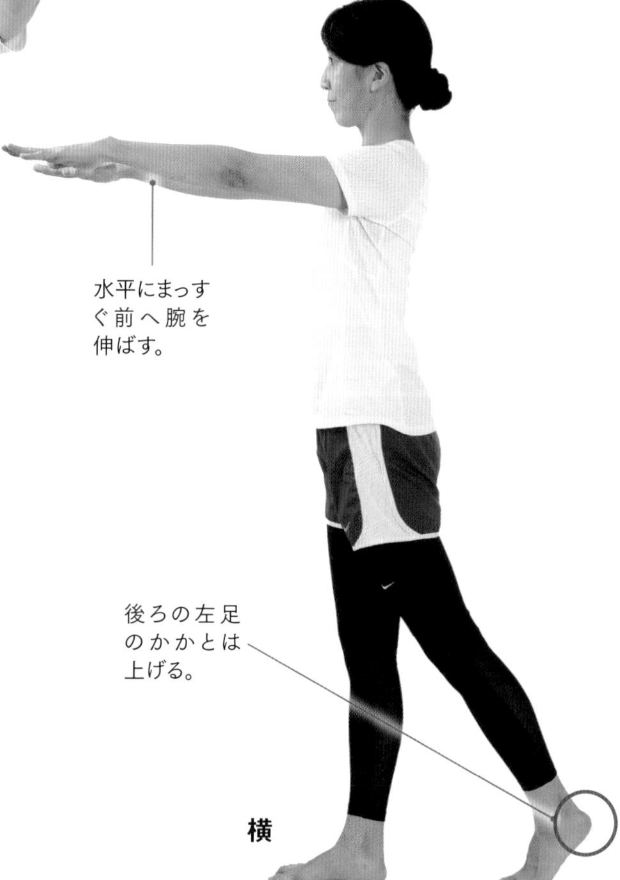

後ろの左足のかかとは上げる。

横

2 ひじを曲げて後ろへ引く

回数：左右各 10 回

正面

背筋は伸ばしたまま。

横

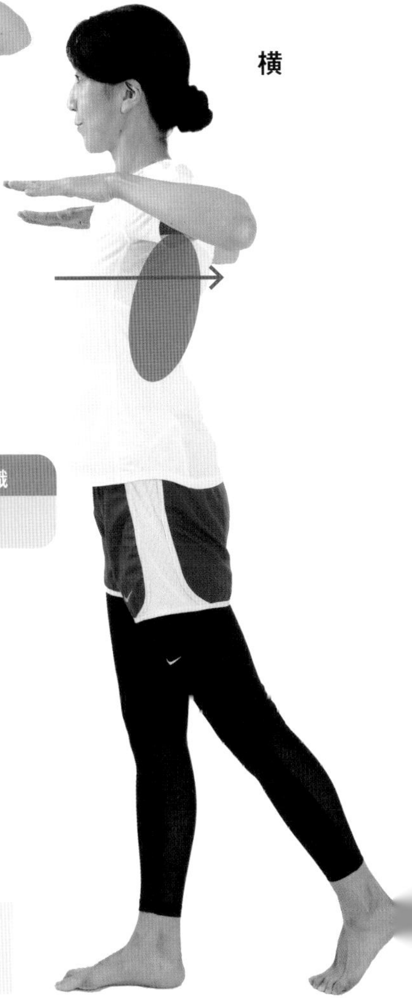

ココを意識
▶背中

脚を入れ替えて同様に行う

ターゲット▶お腹

⑧上体水平ひねり

上体を大きく動かしてもブレない体幹ができ上がり、腰痛予防の効果もある。

1 右脚を一歩前に踏み出し、両腕を横に伸ばす

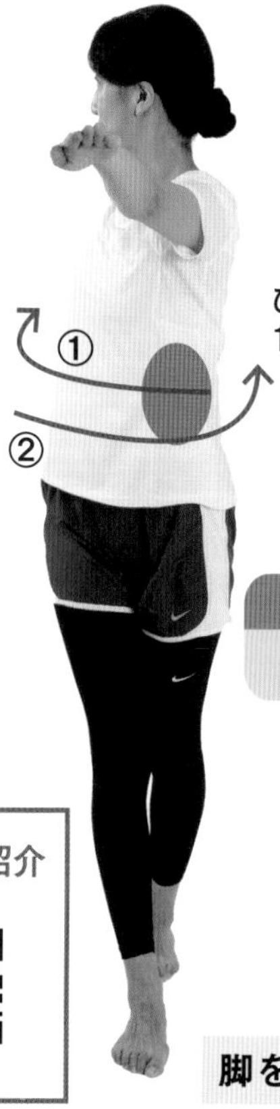

ココを意識
▶お腹

2 右へ体をゆっくりひねり、左へもひねる

回数：左右各 10 回

脚を入れ替えて同様に行う

動画でも紹介

ターゲット▶背中、太もも（前）、お尻

⑨斜め腕伸ばし

前傾姿勢でバランスをとることで、太ももの前と後ろの筋肉をしっかり鍛える。

1 右脚を大きく後ろに引き、左ひざを曲げる

2 3秒かけてゆっくりひじを曲げる

回数：左右各10回

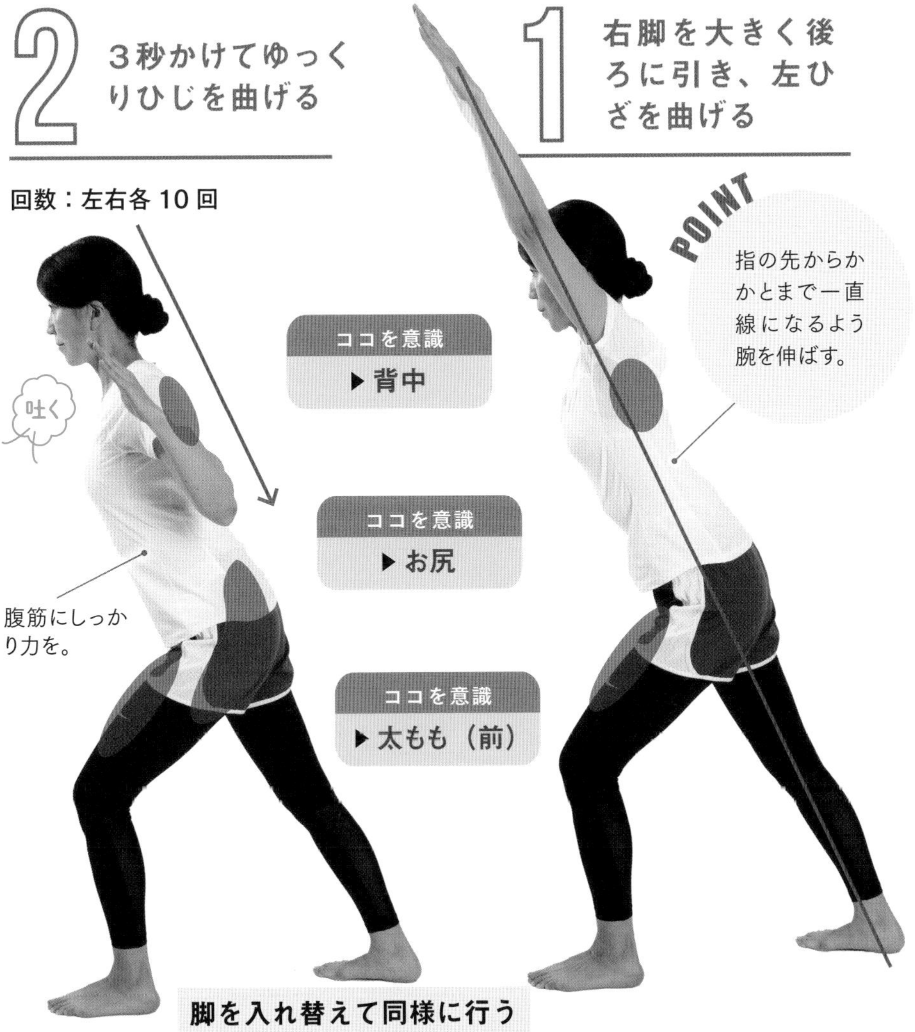

脚を入れ替えて同様に行う

足指トレーニング

①足指じゃんけん

足指を動かせば血行が改善される。テレビを見ながらなど、すきま時間にチャレンジ!

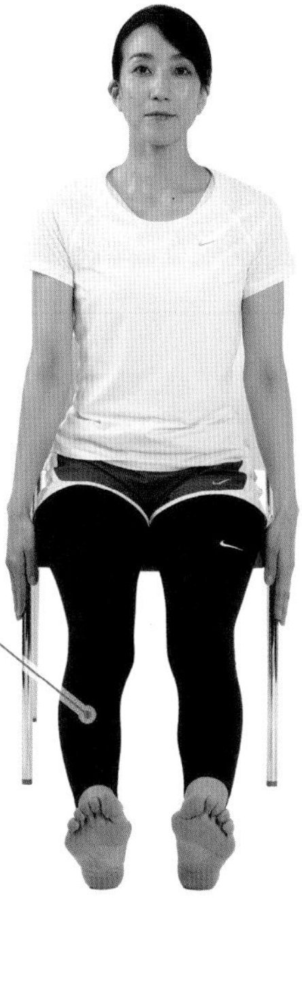

1 椅子にやや浅めに座り脚を前に伸ばす

POINT

ひざを曲げてやると脚がつりやすいので、脚を伸ばして行うのがよい。

2 足の指でグー、チョキ、パーを作る

回数：各5回

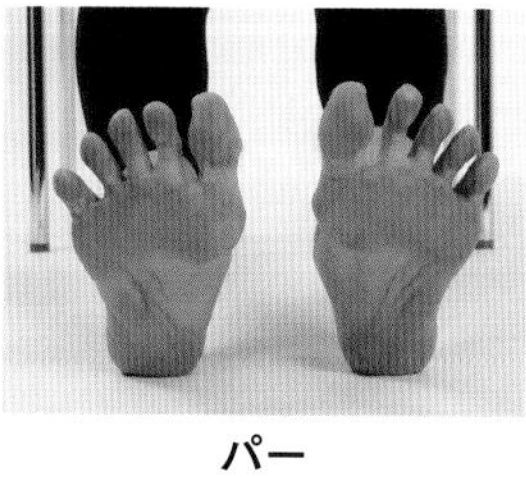

パー

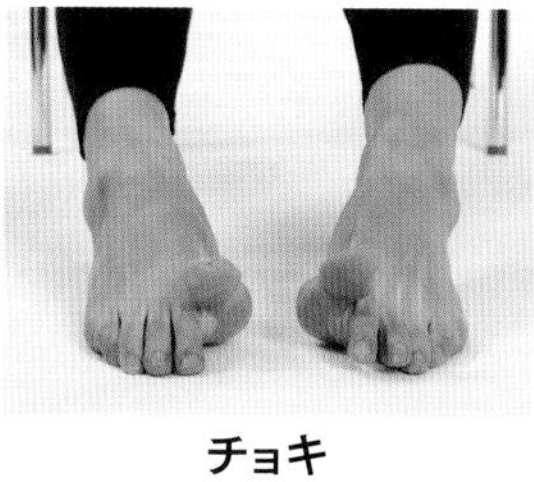

チョキ

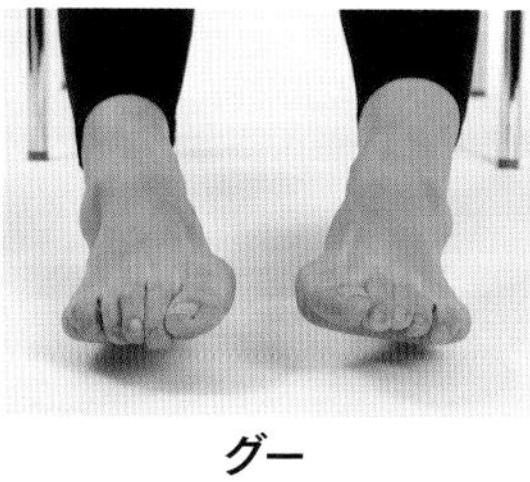

グー

②タオルギャザー

足指とともに足のアーチを強化し、外反母趾や浮き指などの改善が期待できる。

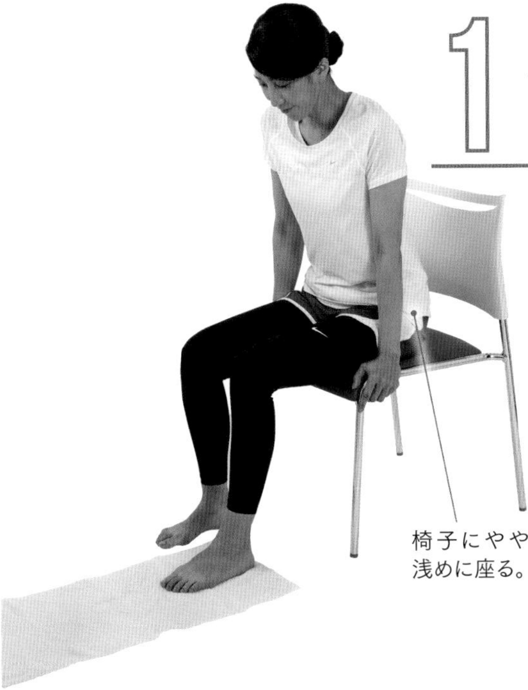

1 床に広げたフェイスタオルの端に足をのせる

2 足の指でタオルをつかむ

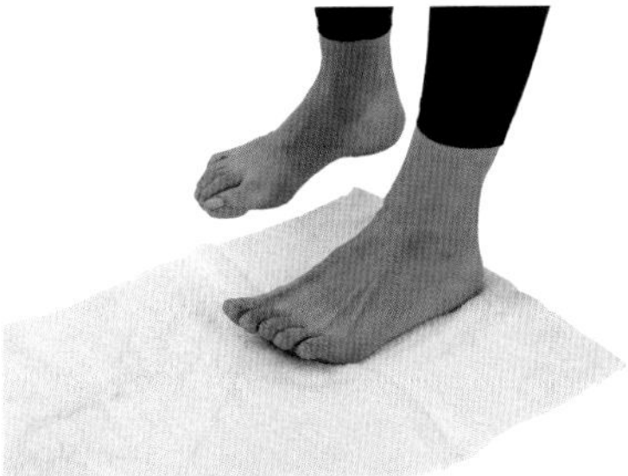

3 グーとパーを繰り返しタオルを手前に引き寄せる

回数：左右各３回

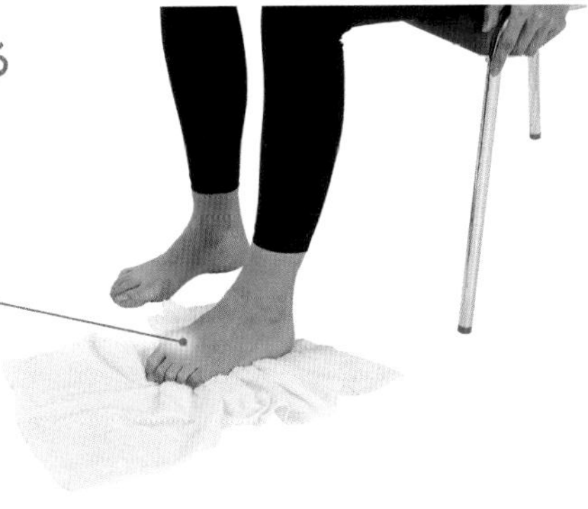

脚を入れ替えて同様に行う

③ボールつかみ

外反母趾の改善に加え、子供の扁平足防止やシニア世代の転倒防止などにも効果を発揮。

1 足指をボールの上にのせる

椅子にやや浅めに座る。

ティッシュやお花紙などを丸めて作ったボール。

2 5本の指でボールをしっかりつかむ

3 ボールをつかんだまま足を上げる

回数：左右各５回

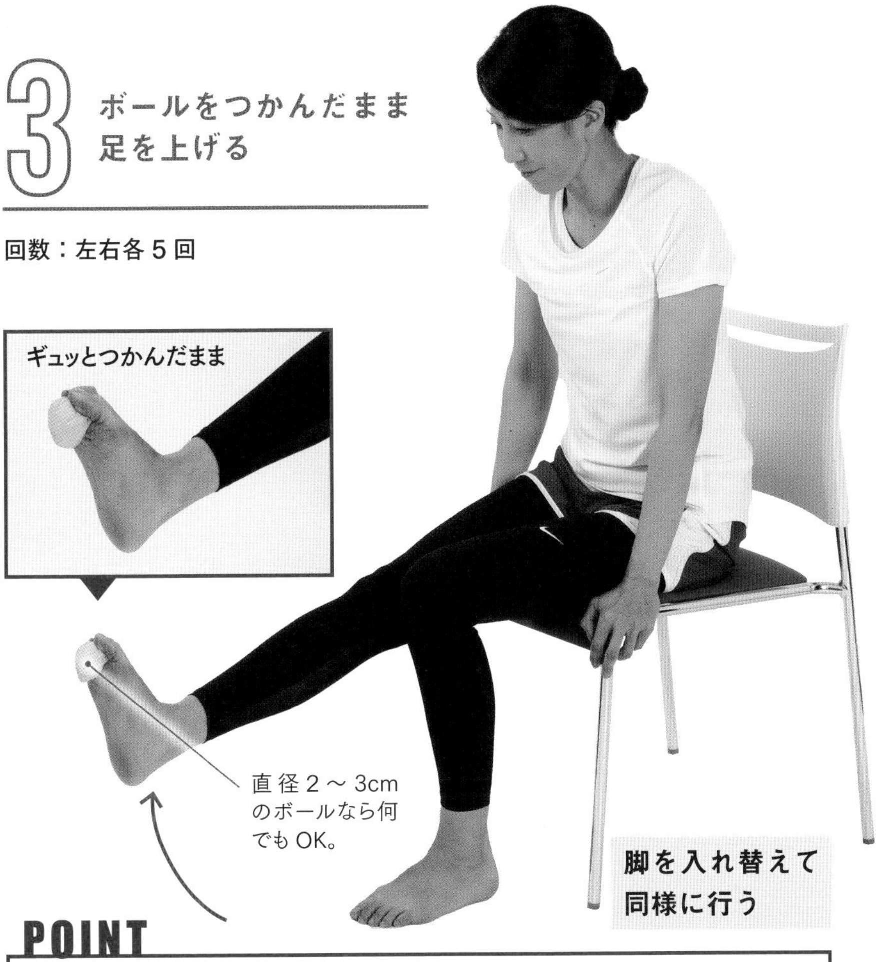

直径２～3cm のボールなら何でも OK。

脚を入れ替えて同様に行う

POINT

足指を広げ

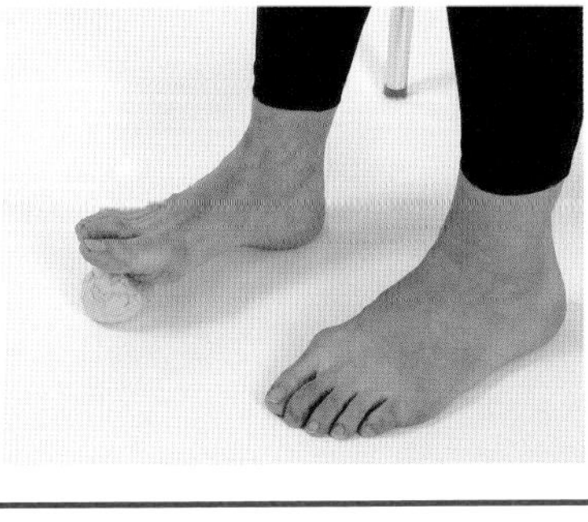

→

ギュッとつかむ

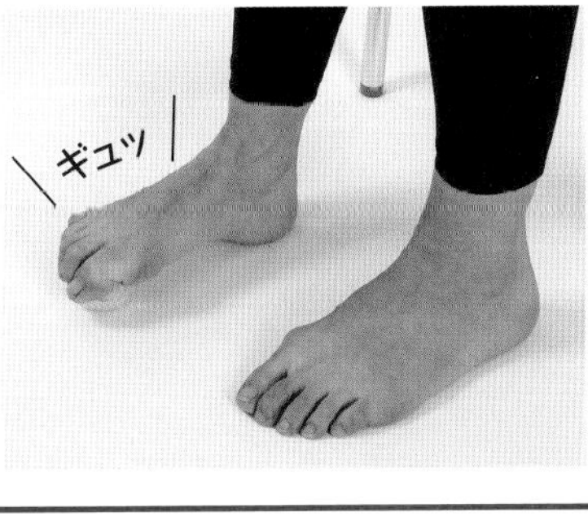

④土踏まずマッサージ

足裏には全身のツボが集中。揉むことで血行が改善され、老廃物を排出しやすくなる。

1 ボールの上に足をのせる

椅子にやや浅めに座る。

ボールの下にタオルを敷く。

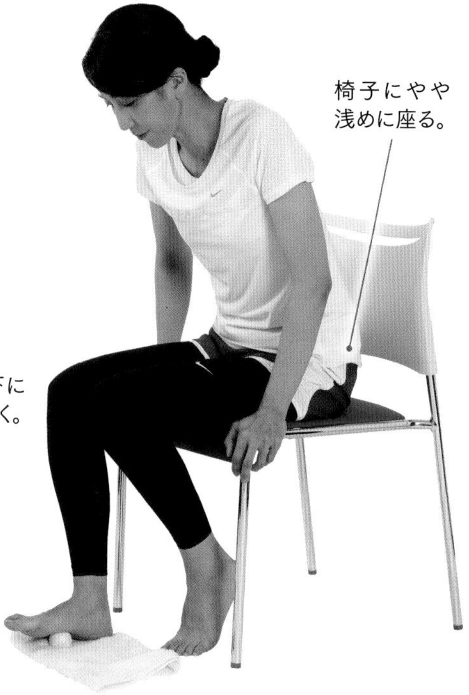

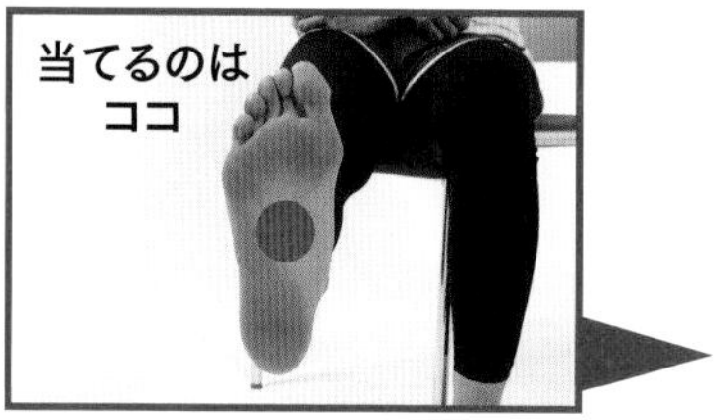

2 土踏まずに当てたボールをコロコロと転がす

POINT

痛みを感じたらあまり無理せず、徐々に力をかけていく。

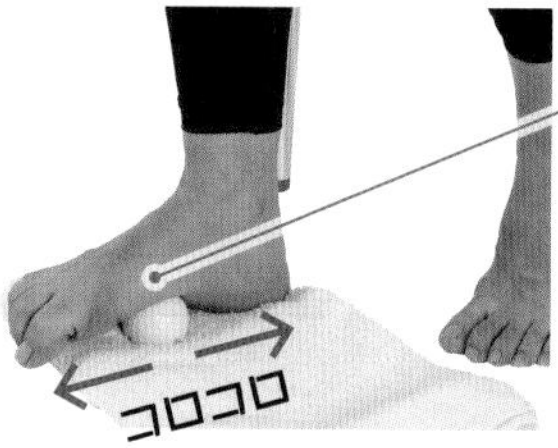

脚を入れ替えて同様に行う

⑤かかとの上げ下げ

デスクワーク中にも手軽にできる。足首だけで動かそうとせず、ふくらはぎにぐっと力を入れる。

1 片方のひざに両手を置き、下へ押す

ふくらはぎに力を入れる。

ココを意識
▶ふくらはぎ

2 手を置いたほうのかかとを上げる

回数：左右各10回

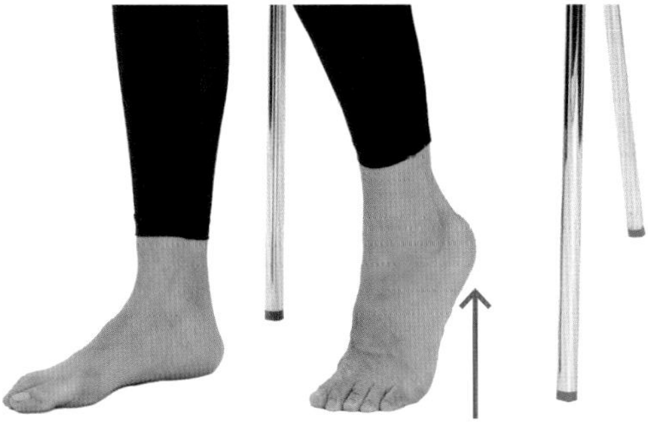

動画でも紹介

COLUMN 2

履くだけで足指が鍛えられるトレーニング足袋に注目！

体幹トレーニングに足指の動きは欠かせない、そんな木場克己さんの思いがいかされたトレーニング用足袋「ナルトレタビ」。歩くだけでトレーニングできるスグレもの！

〝地面を咬む〟を促進

「体幹強化には足指がしっかり開くことが何より大切」と語る木場克己さん。その足指の強化に力を発揮するのが、日本伝統の足袋。つま先が２つに分かれているため、歩く際、指がしっかり開き、履いて歩くだけで足指のトレーニングになるというわけです。そうした考えのもと、木場さんの監修で誕生したのが、徳島県鳴門市で販売されている「ナルトレタビ」です。２００年の歴史を持つ徳島県の伝統産業「鳴門の足袋」をトレーニング用に改良。足指強化に加え、土踏まずの形成をサポートしてくれます。体幹トレーニングの効果をアップし、現代人の足の悩みの解消や子供の浮き指防止にも力を発揮します。

取材／阿部えり

プロスノーボーダー岩渕《いわぶち》麗楽《れいら》選手も履いてトレーニング。着地時の指を強化し、見事、北京五輪で４位に入賞！

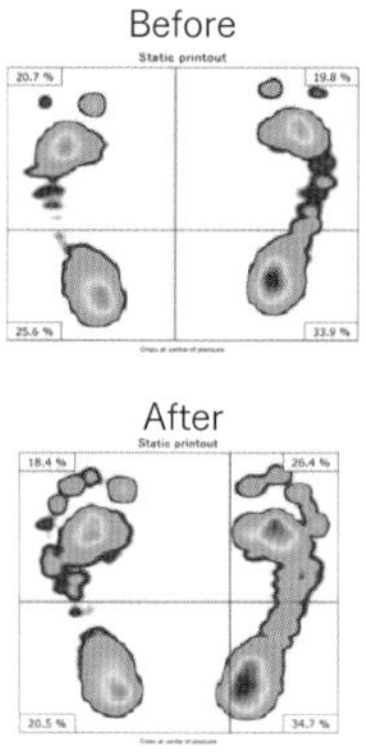

４週間のトレーニング前後で、足底圧を計測した結果、足裏の着地面積が大きくなり、足指もしっかり着地。

ナルトレタビ
NARUTO スポーツコミッション
（鳴門市　スポーツ課内）
088－684－1302

PART 3

家族みんなで体幹を鍛えよう！

体幹トレーニングに年齢は関係ありません。何歳からでもはじめられます。この章では、ジュニアとシニア向けのトレーニングを紹介します。

何歳からでも体幹は

早いうちから体幹を鍛えて 一生ものの体を手に入れよう

子供は5～12歳がよく伸びる！

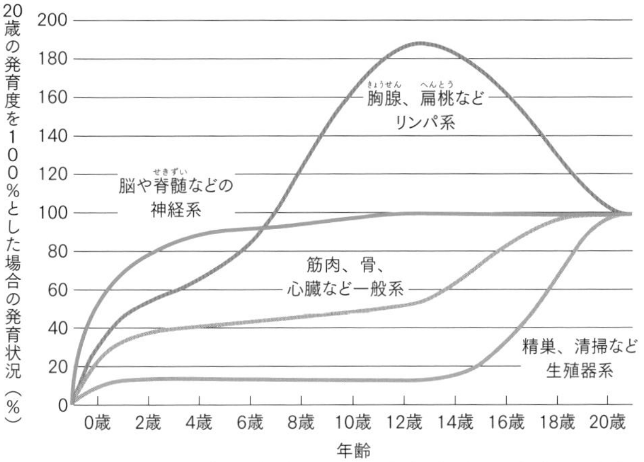

※ Scammon, R, E. (1930). The measurement of the body in childhood, In Harris, J, A,.Jackson., C, M., Paterson, D, G. and Scammon, R, E.(Eds). The Measurement of Man, Univ. of Minnesota Press, Minneapolis. をもとに作成。

5～ 12 歳は身体能力が発達する「ゴールデンエイジ」。発達段階に合わせた学びが求められる。

体幹力を決定づける 5～12歳の運動習慣

子供の成長に大きな影響を与えるといわれるのが、5歳から12歳の約7年間です。**とくに身体能力や運動神経が飛躍的に発達するのがこの時期。**アスリートを目指さなくても、習い事などで運動習慣を身につけておけば体幹が鍛えられ、大人になってからの運動能力に大きな差が生まれます。**また、この時期に習得した動作は大人になってからでも忘れないという特徴があります。**自転車の乗り方はいくつになっても覚えているということと同じです。

さらに、スポーツに打ち込むことを通して精神力や人間関係の築き方など、豊かな人生を送るために必要な心の発達も促します。

鍛えられる

シニアこそ体幹力をつけて
健康寿命を延ばそう

平均寿命と健康寿命の推移

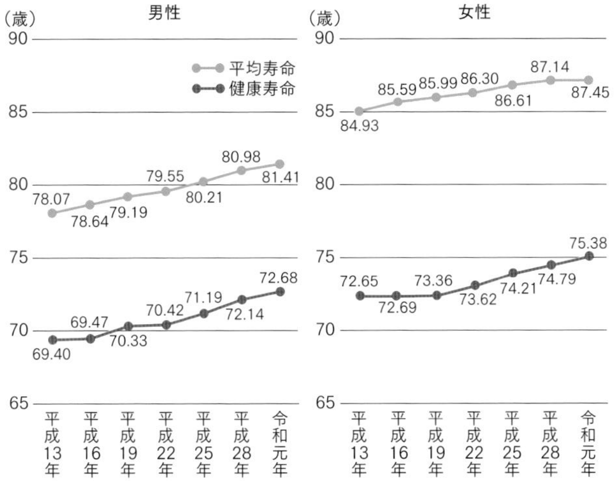

※厚生労働省の発表をもとに作成。

平均寿命と健康寿命には約10年の差がある。少しでも差を縮めるためには、日常的な運動習慣が重要となる。

体幹力で差が出る シニア世代こそ運動を

シニア世代がいつまでも元気に動くためにも体幹力はとても大切です。年を重ねれば体力が衰えることは避けられませんが、**老化のスピードを遅らせることは十分可能です。**何もしなければ、背中は丸くなり、足腰は弱っていきます。同じ年なのに、若く見える人もいれば、老けた見た目の人もいます。その差は運動習慣にあります。若く見える人は「もう年だから」とは考えず、毎日ウォーキングをするなど、とにかく動いています。「人生１００年時代」を迎え、シニア世代には旅行や趣味など、楽しいことがたくさん待っています。**そのためにも体幹を意識しながら颯爽と歩きましょう。**

スーパー小学生 西山芯太くん 特別インタビュー

運動神経に生まれつき「いい・悪い」はない

子供の頃から体幹トレをスタート

「運動神経がよい」という言葉をよく耳にしますが、子供の頃に運動や体を使った遊びを経験することで伸びていくのです。子供時代に運動能力を伸ばす秘訣を木場克己さんに聞きました。

インタビュー／阿部えり

「小学校3～6年生は運動能力が最も発達します。この時期に体幹を鍛え、体の基礎を作ることはとても重要。ただし、体幹トレーニングは、その内容を理解できる小学校4年生以降からはじめましょう。なぜ腹圧が必要なのか、体を一直線にするのかなど、その理由をきちんと理解したうえで行えば、効果がより高まるからです。それ以前は親子でボール遊びをしたり、片脚立ちで10秒キープしたりするなどがおすすめです。それだけでも体幹は十分鍛えられます」

西《にし》山《やま》芯《しん》太《た》くん プロフィール

西山芯太くんが木場さんのもとでトレーニングをはじめたのは、小学校1年生のとき。「はじめてのメニューができたときと、ピタッと止まれたときは気持ちいい。つらいことはないです」と言います。現在はスペイン・バルセロナに在住し、現地のリーグで活躍中。「トレーニングで大事なのは自分の意識」とのこと。今後に注目です！

身近なものを利用してトレーニング効果をUP

子供は大人以上に飽きない工夫が必要と木場さんは言います。

「朝、学校に行く前の5分は必ずトレーニングするなど、ルーティン化するといいでしょう。朝に行うと眠っていた体が目覚めて、スイッチが入るため、やる気もわいてきますよ」

体幹トレーニングは自宅にあるものをうまく利用するなどして、特別な道具が必要ないのも魅力のひとつ。

「片脚立ちは座布団やクッションなど足元が不安定なところに立つとより効果が高まります。ひとつ用意するとしたら、今日も使っているゴム性のチューブがおすすめです。これがあれば、お尻もしっかり鍛えられますし、大人も使えますので、いろいろと役立ちます」

この日はスペインのジュニアサッカーチームで活躍している西山芯太くんがトレーニングに訪れ、木場さんの指導を受けていました。

「芯太はまだ8歳ですが、体幹トレーニングがサッカーにどう生かされるかきちんと理解しています。だから地味なトレーニングを黙々とこなし、結果を出すこともできる。久《く》保《ぼ》建《たけ》英《ふさ》選手がそうでした。将来が楽しみです」

芯太くんのトレーニングを一部紹介！

世界を目指す芯太くんはこんなトレーニングをしています。

ボールを持って片脚立ちで10秒キープ。

体幹部全体をしっかり伸ばすストレッチ。

約8キロのウォーターバッグを持ってバランスキープ。

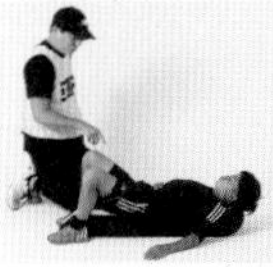
お腹の上にお手玉を置いて、ドローインでインナーマッスルを強化。

敏捷性をアップさせるため足にチューブをつけて反復横跳び。

ラストは、トランポリンの上で軽いジョグから全力ダッシュ！

体幹の強さが

体幹が強くなると体が丈夫になる

ケガをしにくくなる

体幹が強くなると重心が安定するので、バランスを崩しそうなところで踏ん張ることができ、転んでも大きなケガを回避できる。

運動神経が上がる

柔軟性が高まり、俊敏な動きができるようになる。疲れにくくなるため、持久力が必要なスポーツでも成果を上げることができる。

すぐ座り込むのは体幹力が弱い証拠

コロナ禍で外出自粛が続いた約3年間で子供の体力は低下し、転んでケガをすることが増えているようです。**これは体幹力が弱くなっていることの表れです。**そのため、すぐに座り込んだり、長時間体を動かすことができなかったりする子供も少なくなく、スポーツでも十分にパフォーマンスを発揮できません。**まずは、楽しみながら体幹を鍛えましょう。**

　おすすめはトランポリンです。最近はスポーツジムでも気軽に体験できるようになりました。不安定な足場で跳ぶには体幹力が欠かせないため、ジャンプするだけで体幹トレーニングにつながります。

スポーツにも勉強にも影響する

体幹力が上がると学力もみるみる伸びる

学習力がつく

正しい姿勢で座れば深い呼吸ができるようになる。新鮮な空気が送られたことで脳が活性化し、思考能力が高まる。

集中力がアップする

体を支える体幹がしっかりしていれば、長時間同じ姿勢をとることが可能に。その分、ひとつのことに集中できる。

体幹と勉強、一見関係がなさそうに思えますが、実は密接につながっているのです。体幹が弱いと同じ姿勢でいることが難しいため、じっとしていられず集中力が途切れやすくなってしまうのです。すぐに飽きてしまい、長時間勉強をすることができないというわけです。**当然、学習能力は低下していきます。**また、テレビを見たり本を読んだりしているときに、すぐに寝転がったり体勢を変えたりする子供も体幹が弱いことが考えられます。子供のやる気を促すには、「勉強しなさい」とお尻をたたくのではなく、**トレーニングで体幹を強化することが大切です。**

足のゆがみから子供を守る

遊びの中で足指を鍛え バランス力をつける

約8割の子供に、立っているときや座っているときに足の指が浮いてしまう「浮き指」の症状が見られるといわれています。浮き指になるとしっかりと踏ん張ることができないため、転びやすくなります。体が安定しないままバランスをとろうとするため、ひざが曲がり、腰が落ち、肩が前に出てしまう、いわゆる猫背の子供も増えています。

最近は子供たちが外で遊ぶことが少なくなり、鬼ごっこや缶蹴りのような遊びが減ったことも浮き指の子供が増えた一因です。これらの遊びは周囲の予想外の動きに反応して、止まったり駆け出したりするため、体幹力やバランス力を鍛えるとともに、足の発達にも役立っていたのです。**浮き指を、そのまま放置すれば大人になって足の変形や痛みに悩まされる恐れもあります。**そうならないためには予防が何より大事です。親子で一緒に片脚立ちや足指じゃんけんなどの遊びをして、意識的に足指を使うようにしましょう。

子供の足の変形

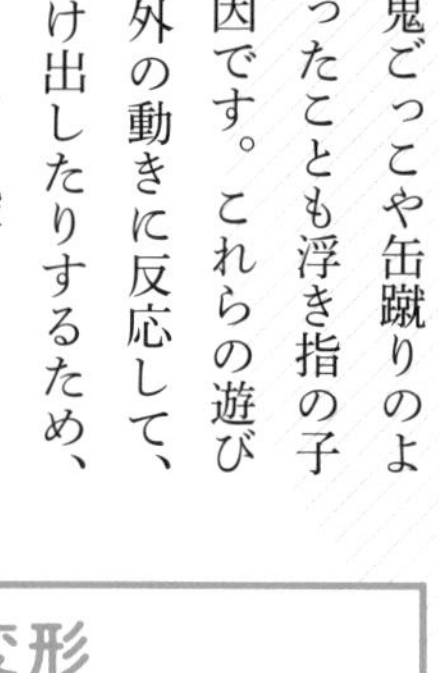

扁平足《へんぺいそく》

土踏まずのアーチがなくなり、足の裏が平らに。

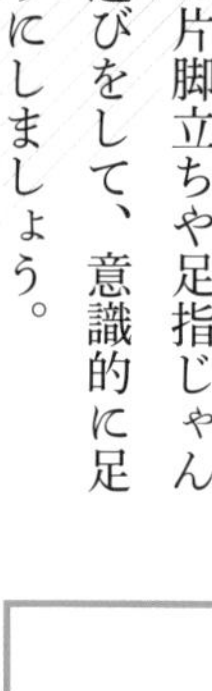

外反母趾《がいはんぼし》

足の親指が小指側に曲がっている。

最近の子供に多い「浮き指」

正常な足

指がすべて地面に
しっかりついている

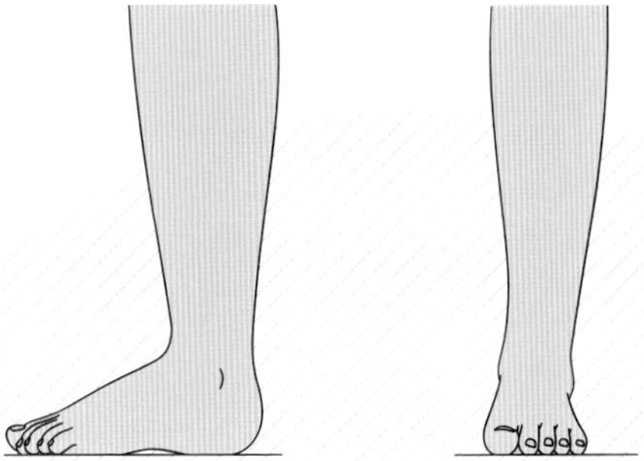

正常な足の
体重のかかり方

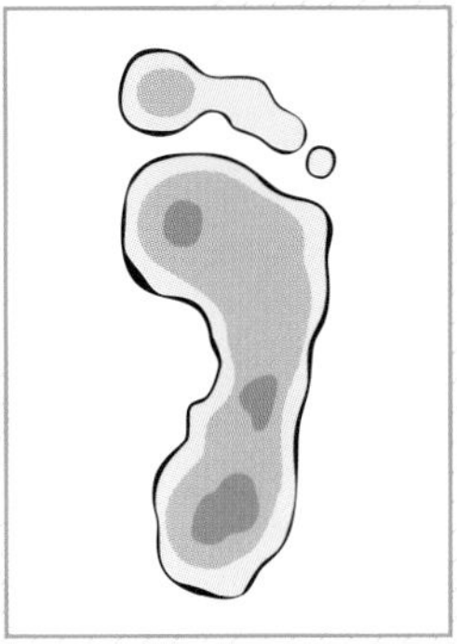

浮き指の足

指が１本以上浮い
ている

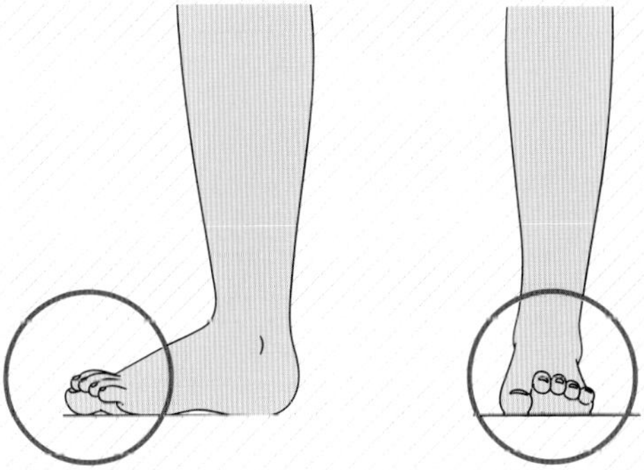

浮き指の
体重のかかり方

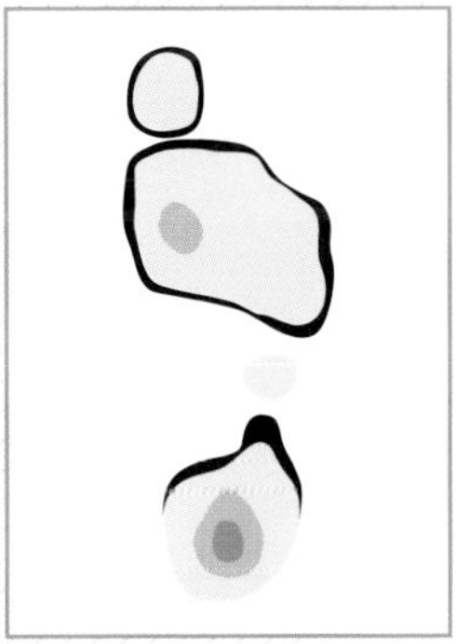

足裏の体重のかかり方を測定すると、浮き指の足はアンバランスな圧力のかかり方になる（イラスト下）。浮き指は骨の並びに異常がなく、レントゲンには写らないため、整形外科では問題視されないが、かかと重心になり、姿勢の悪さや肩こり、腰痛などを引き起こす。

姿勢チェック

能力の向上ももたらす。まずは正しい姿勢を作れるかを確認しよう。

立った姿勢

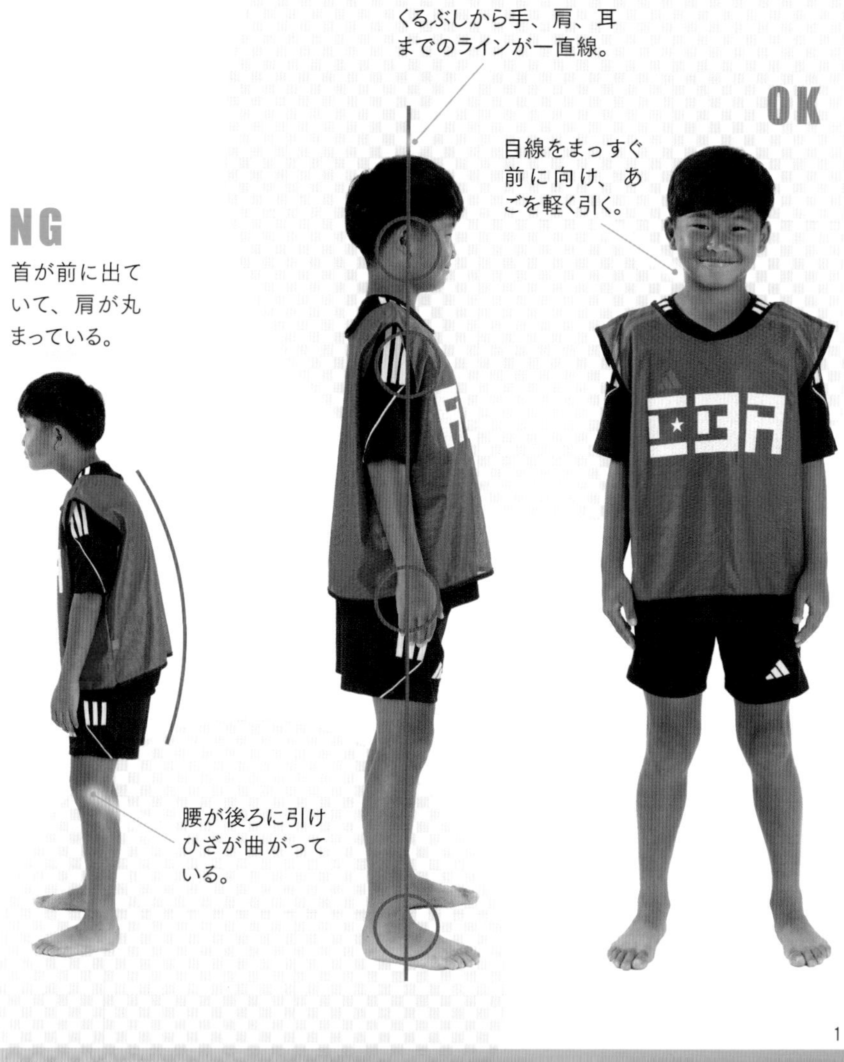

あなたの子供は大丈夫？

正しい姿勢はすべての動作の基本になるもの。体幹力強化につながり、学習

座った姿勢

OK

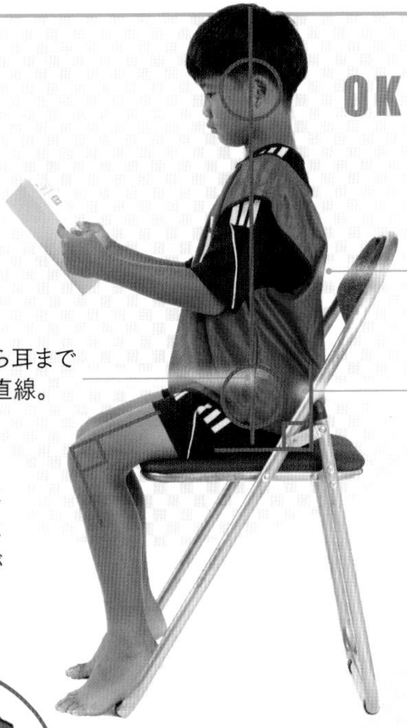

背もたれに寄りかからない。

腰から耳までが一直線。

上半身と股関節の角度、ひざの角度がそれぞれ90度。

NG

目線が極端に下がり首が前に出て、背中が丸まっている。

ADVICE

腕の下に厚めのクッションなどを置くとよい。背筋が伸びやすくなる。

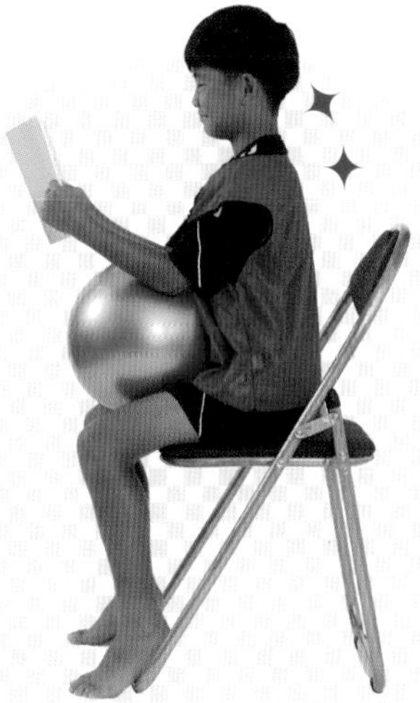

体幹力チェック

まずは体幹の強さを確認。今はできなくても、この先トレーニングを続けていけば、きっとできるようになるはず！

体幹力チェック①

しゃがむ動作ができない子供は、ひざ関節や足首の関節がかたくなっている恐れがある。

1 手を前に伸ばす

伸ばした手で輪っかを作る。

2 ゆっくりしゃがむ

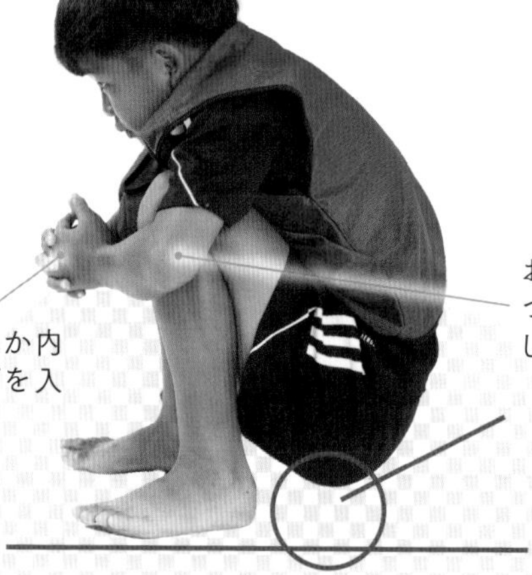

手の輪っか内に両ひざを入れる。

お尻が地面につかないようしゃがむ。

体幹力チェック②

お尻の筋肉がしっかり使えているかをチェック。グラグラしないよう、ぐっとふんばれれば OK。

1 手を腰に当て、おへその高さまで片脚を上げる

2 ひざの角度を 90 度にして 10 秒キープ

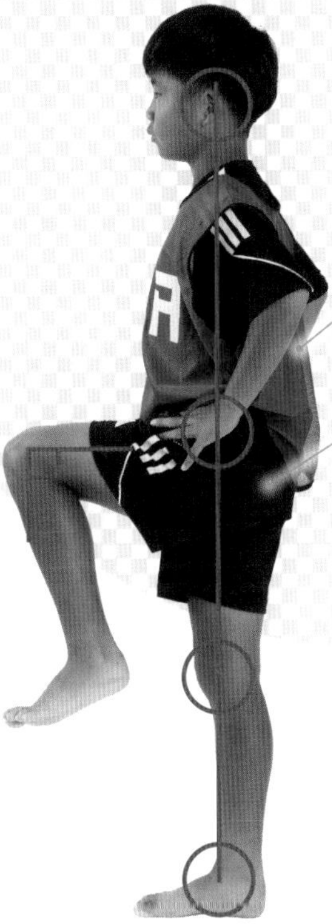

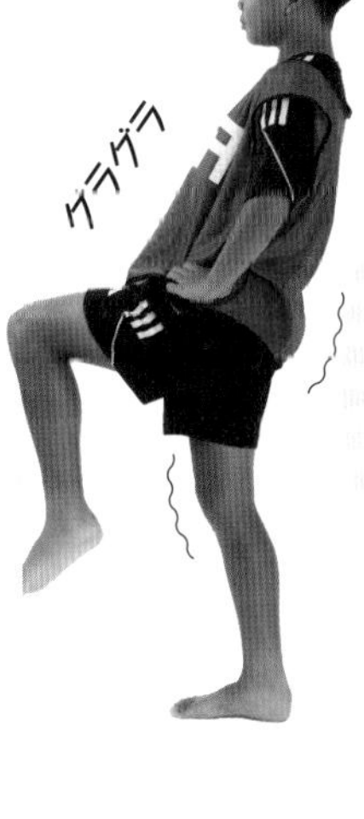

NG

腹圧が弱いため、頭が後ろに傾き、腰が反ってしまっている。

反対の脚でもチェックしてみよう

体幹バランス力チェック①

インナーマッスルを使い、ゆっくりと起き上がれるかをチェック。

1 両手を太ももの上に置く

ひじをしっかり伸ばす。

手のひらがひざの上にくるところまで起き上がる。

2 反動はつけずにゆっくり起き上がる

3秒で起き上がり、7秒キープ

NG1

腹圧が弱く起き上がれない。

NG2

反動をつけて一気に起き上がる。

体幹バランス力チェック②

上半身と下半身の力が連動されていれば
スムーズにできる。ぐらつかないかを確認。

1 片手を後頭部に当て、その手と反対側の脚を上げる

背筋をまっすぐにして立つ。

2 上げたひじとひざをつける

タッチ！

体の前でひじとひざをタッチさせる。

NG

柔軟性と体幹力がないとひじとひざがつかない。

反対の脚でもチェックしてみよう

トレーニング前のストレッチ

体幹トレーニングの前には必ずストレッチを。関節の可動域が広がりトレーニング効果もアップする。大人も一緒にやるとよい。

①お尻を伸ばす

1 右ひざを立てて左足のかかとをのせる

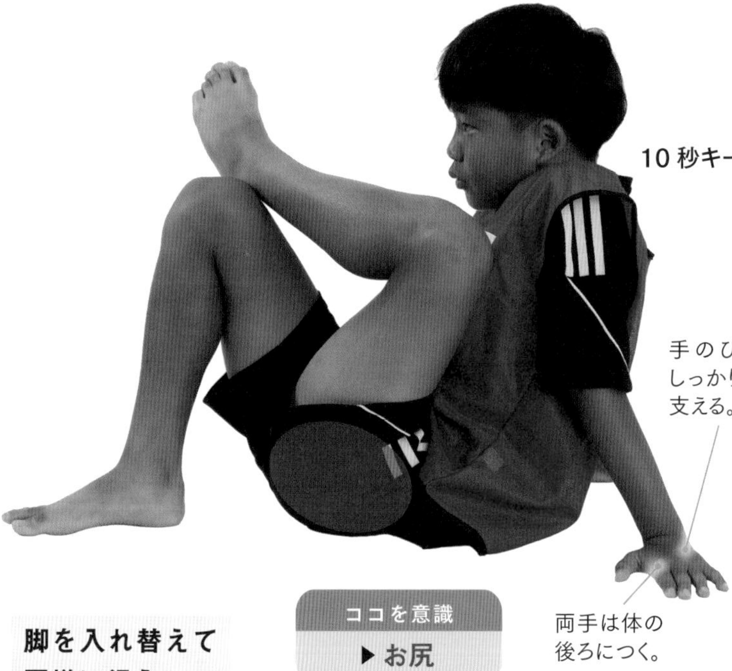

10秒キープ

手のひらでしっかり体を支える。

両手は体の後ろにつく。

脚を入れ替えて同様に行う

ココを意識
▶お尻

②内ももを伸ばす

1 両ひざを開き 足裏を合わせて座る

両手で脚を体に
引きつける。

足裏を両手で
しっかりと持つ。

**3秒で倒し、
10 秒キープ**

背筋をできる
だけ伸ばして。

ココを意識
▶ 内もも

股関節を開きす
ぎない。

2 背筋を伸ばし、体を前に倒す

③内ももと背中を伸ばす

1 両脚を開き 両手を頬に当てる

開脚の角度は
できる範囲で
OK。

背筋を伸ばし、
骨盤を立てる。

2 体を前に倒し ひじを床につける

POINT

やや難易度が高いので、体を前に倒すときに多少の勢いをつけても OK。

3秒で倒し、
7秒キープ

背中が丸まら
ないように。

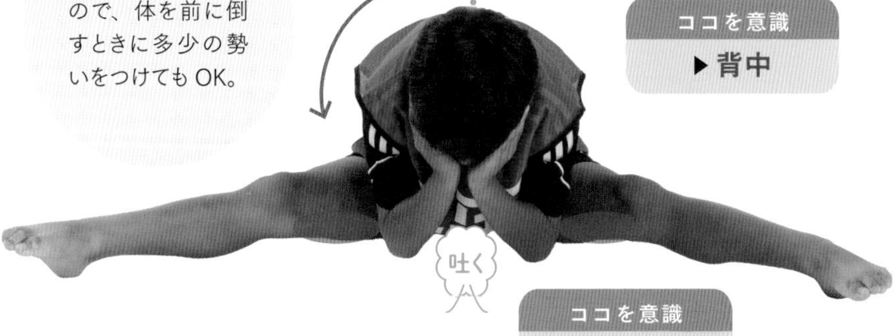

吐く

ココを意識
▶ 背中

ココを意識
▶ 太もも（内）

④お腹から前もも と背中を伸ばす

1 両手の間に右脚を置き 左脚は後ろに置く

腕はまっすぐ伸ばす。

ひざからつま先は床につける。

ココを意識
▶お腹から太もも（前）

2 右手を上げる

回数：左右各 10 回

5秒キープ

吐く

背筋を伸ばし、腰を反らせない。

ココを意識
▶背中

脚を入れ替えて 同様に行う

ジュニア向けの体幹トレーニング

クランチキープは腰に負担をかけずにお腹を鍛えられる。脚上げサイドブリッジやクロスクランチは、お腹とお尻を鍛えるもの。こちらも大人も一緒に行うとよい。

①クランチキープ

1 ひざを立てて座る

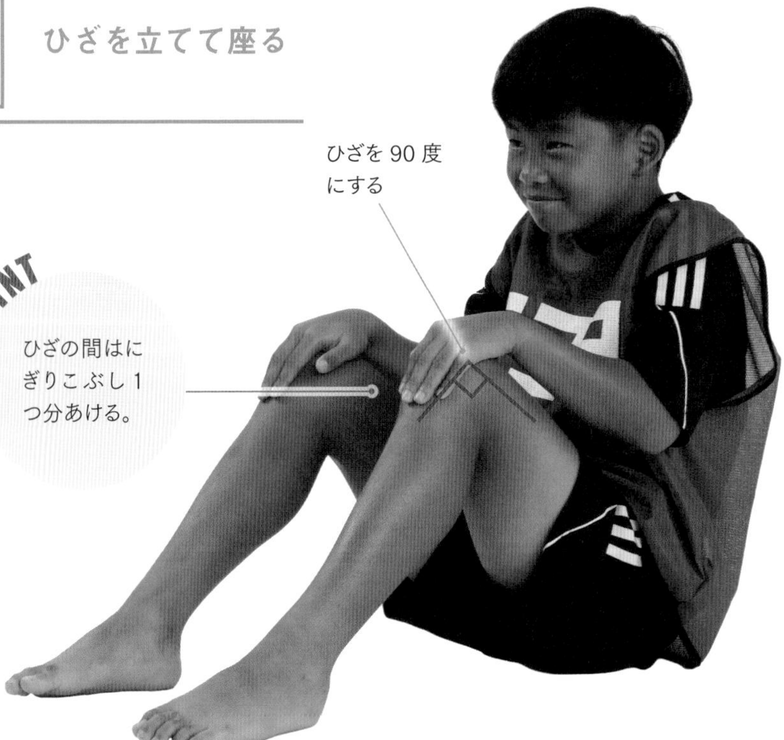

2 両手をひざの上に置いたまま上半身を後ろへ倒していく

回数：10 回

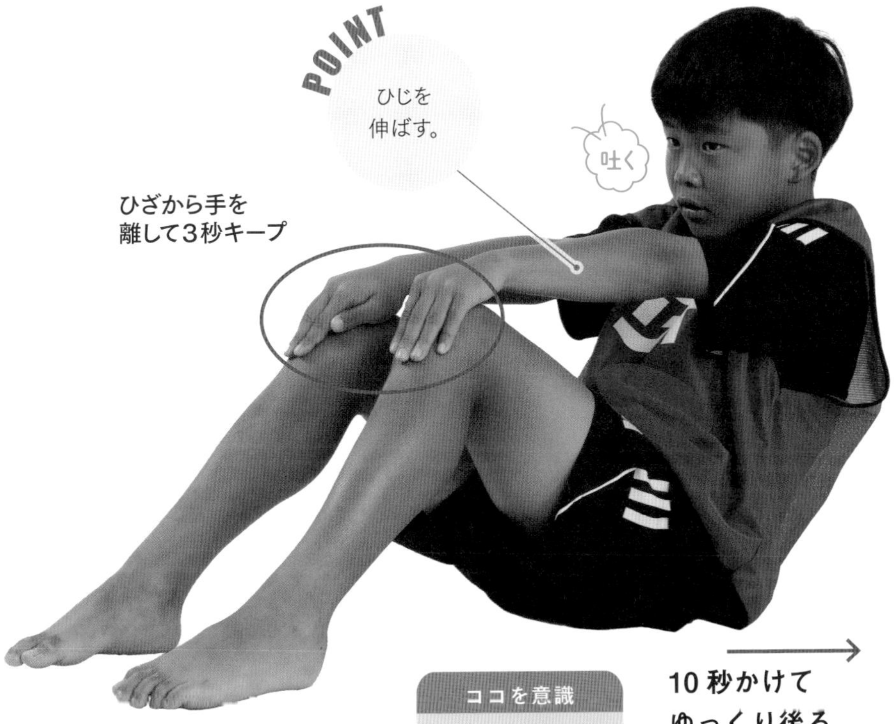

動画でも紹介

②脚上げサイドブリッジ

動画でも紹介

1 ひじを立てて横向きになる

床についた側の脚を90度に曲げる。

POINT

ひじをついた側の手はグーにすると力が入りやすい。

2 ゆっくり腰を上げて上の脚を伸ばす

回数：左右各5回

上げた脚の先から頭までが一直線になるように。

ひじは肩の真下に置く。

3秒で体を上げて、3秒で下ろす

ココを意識
▶お腹、お尻

脚を入れ替えて同様に行う

③クロスクランチ

1 仰向けに寝て両ひざを立てる

右手を後頭部に当てる。

左手は床につける。

2 左ひざと右ひじを引き寄せタッチする

回数：左右５回

POINT

ゆっくりやるとより負荷がかかる。

3秒かけて起き上がる

腰が床から浮かないように。

ココを意識
▶ お腹

脚を入れ替えて同様に行う

ジュニア向けの
下半身バランストレーニング

上半身と下半身のバランスを鍛えて、上下の連動性を高めるトレーニング。足さばきがよくなり、走るのが速くなるなどの効果が期待できる。

①片脚バランス

1 左脚をおへその高さまで持ち上げる

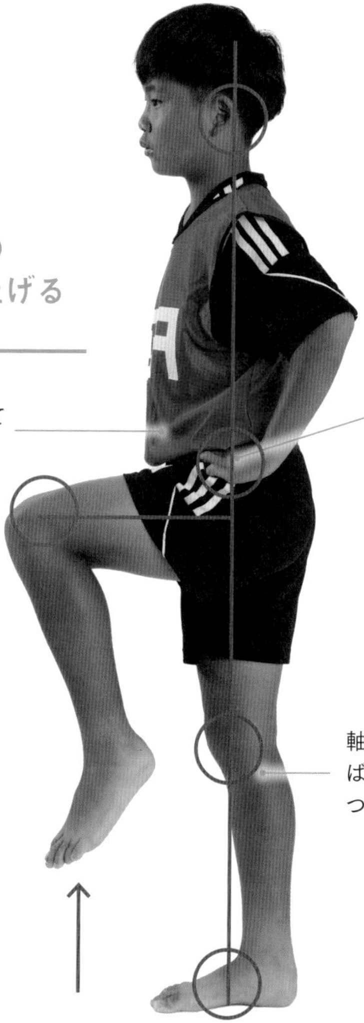

2 上げた脚をゆっくり斜め前に上げ下げする

回数：左右各 10 回

ADVICE

ふらつきをチェックするため、頭の上にお手玉やハンカチなどをのせてもよい。

NG

脚を上げるときや下ろすとき、腰を反るとバランスが崩れてしまう。

脚を入れ替えて同様に行う

②腕立てバランス

1 両手を肩の下につき ゆっくり体を持ち上げる

2 片方のひざを体に引き寄せる

10 秒キープ

回数：左右各5回

脚を入れ替えて同様に行う

③T字バランス

1 両手を肩の高さで広げ左脚を持ち上げる

2 左脚を後ろに伸ばし、上体を前に倒す

回数：左右各5回

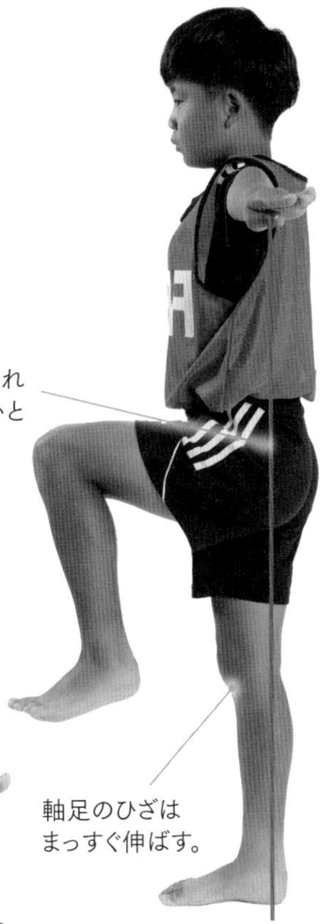

脚を入れ替えて同様に行う

④バランススクワット

1 腰幅より広く脚を開き、両手を合わせる

正面

お腹に力を入れて背筋を伸ばす。

足裏全体で床を押すように、しっかり立つ。

横

2 両手を合わせたままじゃがむ

正面

しゃがめるところまで、
腰を落とす。

横

お尻が床に
つかないように。

10 秒キープ

つま先やかかと
が浮かないように

NG

お尻が後ろにいきすぎると腰
が反ってしまいしゃがめない。

若々しく長生きするコツは体幹力にあった

背筋をスッと伸ばし 心も体も元気にする！

見た目年齢を大きく左右するもののひとつに姿勢があります。背筋をスッと伸ばして歩く高齢者は若々しく見えるもの。**正しい姿勢を保つためには、体幹を鍛えることが欠かせません。**体のゆがみも改善されますので、肩こりや腰痛を軽減。体の悩みが解消されれば、やりたいことにどんどんチャレンジできますので、気持ちも明るくなり、見た目はよりいっそう生き生きしてきます。

一方、体幹力が弱いと背中や腰が曲がり、その姿勢を長く続けていると横隔膜の動きが制限され、呼吸が浅くなります。**脳に十分な酸素が送られないため自律神経が乱れ、イライラしたり不安に襲われたりします。**血流も悪くなるため疲れがたまりやすく、冷えや肌荒れなどのトラブルも発生。こうした不調の改善のためにも体幹を鍛えることは欠かせません。筋力が衰えはじめる高齢者ほど体幹を鍛え、心身のバランスを整えることが必要なのです。

尿漏れは体幹の弱さが原因

いろいろな臓器を支える骨盤

骨盤底筋がゆるんで尿道の位置が下がると、尿漏れを引き起こす。体幹を鍛えて、骨盤底筋の筋力を上げることが大切。

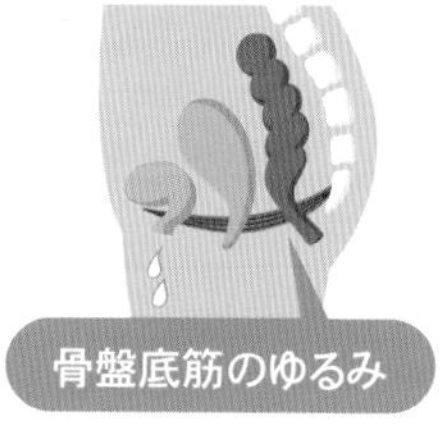

シニアが体幹を鍛えるメリットは？

便秘解消
腹圧が高まると内臓まわりの筋肉が強くなり、胃腸がスムーズに動きだす。

姿勢改善
体の中にしっかりした軸ができ腹圧が高まり、正しい姿勢をキープできる。

太りにくい体に
筋肉を目覚めさせれば基礎代謝が上がり、脂肪を燃焼しやすくなる。

疲れにくくなる
血流がよくなり疲労物質である乳酸がたまりづらくなる。疲れ知らずに。

柔軟性アップ
関節の可動域が広がり、かたかった体が柔軟に動くように。

転倒予防
体のバランスがとりやすくなり、とっさのときにも転ばずにすむ。

よく眠れる
腸の動きがよくなり、自律神経が整い睡眠の質が向上する。

腰痛・肩こり解消
体のゆがみが改善され、さらに血流もよくなることから腰痛や肩こりも解消。

前向きになる
姿勢がよくなり、自律神経が整うことでポジティブな気持ちがわいてくる。

若々しく見える
体幹の強さが背筋を伸ばしてくれ、見た目が颯爽とする。

転倒や寝たきり、認知症を防ぐ体幹バランス

体幹力を鍛えて ケガ知らずの体になる

コロナ禍で運動不足の人が増えています。とくにシニア世代への影響は深刻で、転倒が原因で骨折など大きなケガをする人も少なくありません。万が一寝たきりになってしまえば、認知症のリスクも高まります。**シニア世代のケガは足腰の筋肉の衰えに加え、体幹力不足も原因のひとつにあげられます。**体幹が弱いためにバランスを崩して転倒してしまうのです。とはいえ、ケガを恐れて外出を減らせば、筋力や身体能力の低下を招いてしまいます。

外出先での危険を回避するためには、**転倒しにくい体を作る、つまり体幹バランスを鍛えることが何より必要です。**たとえ90歳を超えても鍛えれば体は応えてくれます。無理のない範囲でストレッチを続け、筋力と柔軟性をアップさせれば、関節の動きもスムーズになります。**可動域が広がり、より転びにくい体ができ上がります。**体幹力をつけることが人生の充実につながるのです。

高齢者に多い転倒

事故種別ごとに見る高齢者の救急搬送人員

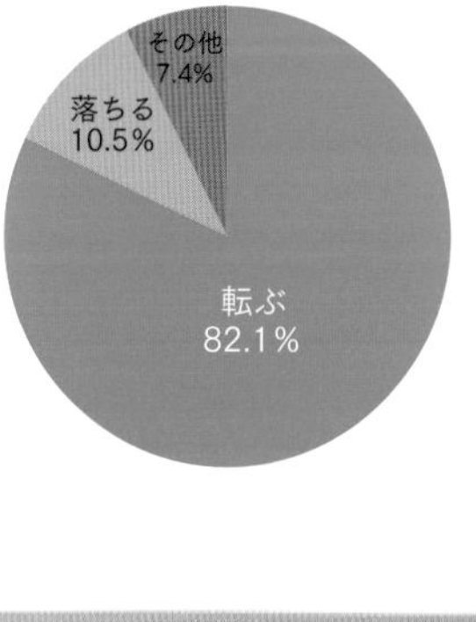

※東京消防庁「救急搬送データからみる高齢者の事故」をもとに作成。

転びやすい高齢者が増えている

「転ぶ」事故による高齢者の年別救急搬送人員

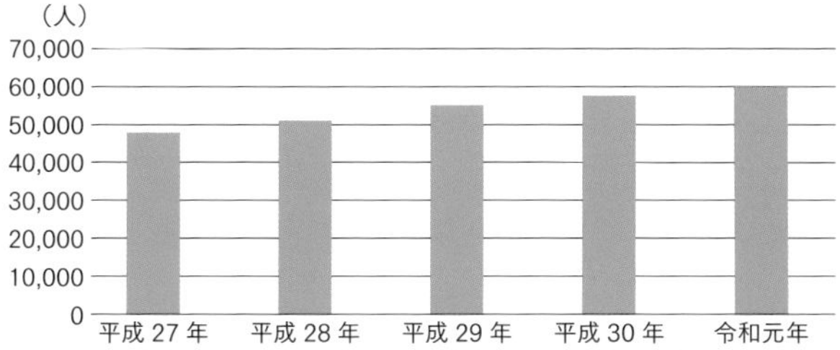

※東京消防庁「救急搬送データからみる高齢者の事故」をもとに作成。

転倒は筋力の衰えに加え、体幹力の弱さから足を上げずに歩く、いわゆる「すり足」になっていることが原因。

筋力低下！　サルコペニアに注意

日本人の筋肉量

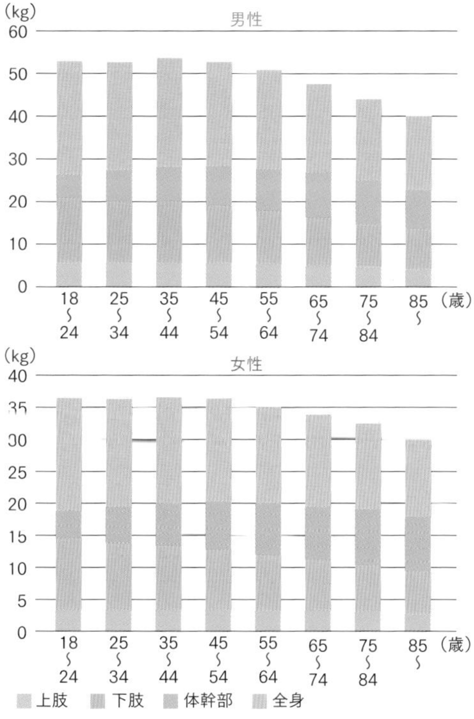

サルコペニアとは

加齢が原因で筋肉量が減少、それに伴い筋力が低下した状態のこと。歩いたり立ち上がったりといった日常生活の基本動作に影響が生じることもあり、進行すれば介護が必要になる場合もある。サルコペニアからフレイル（加齢により心身が老い衰えた状態）につながるともいわれているので、気づいたら早めに対策を。

65 歳を過ぎて、手足が細くなった、椅子から立ち上がりにくい、重い荷物が持てなくなったなどの症状があれば筋力低下が疑われる。

※「日本人筋肉量の加齢による特徴（谷本芳美ほか『日本老年医学会雑誌』2010;47：52-57）をもとに作成。

トレーニングするときのチェックポイント

筋力に個人差あり焦らずマイペースで

体幹トレーニングで背中やお腹などを鍛えれば筋力がつくと同時に、**体の中に軸ができ上がりますので、転倒予防につながります。**ただし、運動習慣のない方が急にはじめると、かえって筋肉を痛めてしまう恐れがあります。**まずは無理なくできるドローインからはじめましょう。**呼吸をするだけでも、お腹まわりの筋肉はしっかり鍛えられます。**慣れてきたらストレッチで筋肉の緊張をほぐし、柔軟性を高めるなど少しずつ進んでいくことが大切です。**

また、トレーニングをする際には、腰やひざへの負担などについて、かかりつけの医師に確認したうえで行うようにしましょう。

体幹トレーニングをするときに気をつけること

呼吸に注意！

集中すると息を止めがち。常に呼吸を意識しながら行う。

はじめにストレッチを

ストレッチで筋肉をほぐせば、トレーニング効果が高まる。

無理はしない

必要以上に負荷をかけるのはNG。気持ちいいことを大切に。

疲れたら休む

疲れがたまると筋肉がかたまってしまうので、ときおり休憩を。

安全な場所で

ぐらついたらすぐにつかまる場所があるなど、安全確保を第一に！

トレーニング前はストレッチを

トレーニングの流れ

1 ▶ストレッチ
脇腹、内もも、背中などをじっくり伸ばす。

↓

2 ▶ドローイン
まずは深い呼吸がしっかりできているかを確認。

↓

3 ▶体幹トレーニング
▶下半身トレーニング
▶足指トレーニング

柔軟性アップや足腰強化など、目指す筋肉に負荷をかけ筋力と体幹力を高める。

すき間時間にもドローインしてみよう

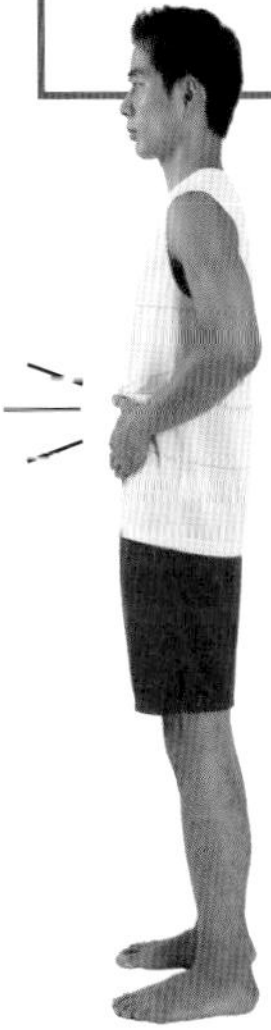

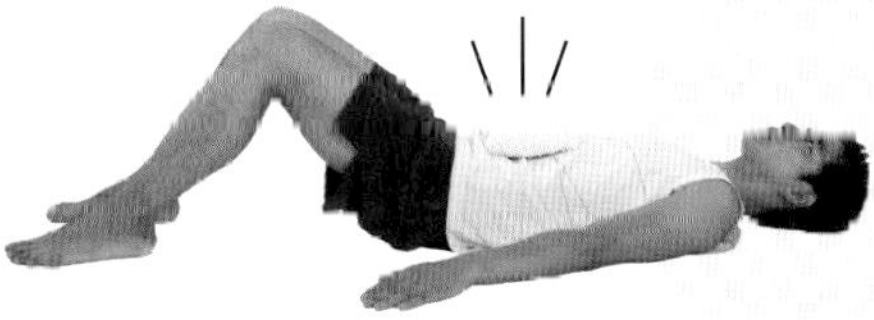

お腹を凹ませるだけのドローインはシニアも無理なく行える。散歩の途中、家事をしながら、テレビを見ながらなど、何かのついでにできるので、ぜひ毎日の習慣に！

▶やり方は p.60 ～ 63 をチェック

シニア向けのストレッチ

年齢を重ねるほど柔軟性は不足してしまう。ストレッチで柔軟性をアップさせて動きやすく、転倒しにくい体を作る。

①脇腹を伸ばす

1 左右の足裏を合わせ右の腕を上に伸ばす

ココを意識
▶お腹

2 腕を伸ばしたまま体を左側に倒す

反対の腕も同様に行う

②内ももを伸ばす

1 両ひざを開き足裏を合わせて座る

骨盤を立てる
イメージで座る。

両手で両足を
包むようにして
持つ。

2 ３秒で上半身を倒し７秒キープする

回数：2回

無理して上半身
を倒しすぎない
ように。

背筋を丸めすぎ
ない。

ココを意識
▶ 内もも

③背中のストレッチ

1 よつんばいになる

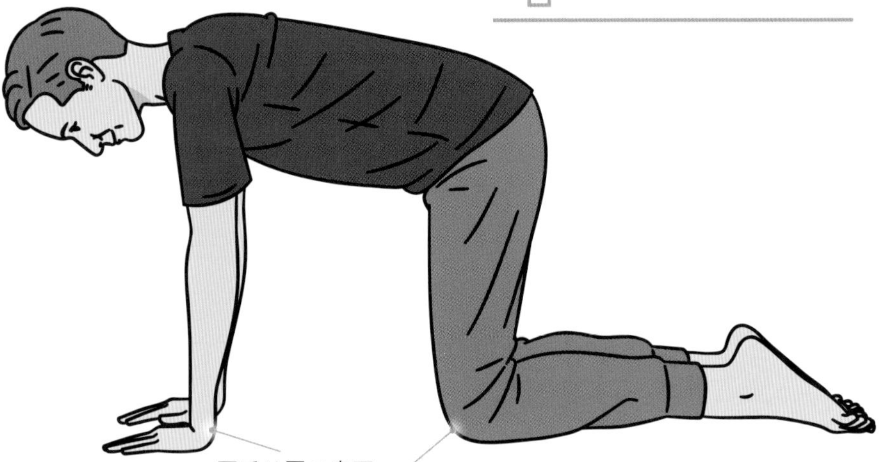

両手は肩の真下、
両ひざは骨盤の真
下に置く。

ココを意識
▶ **背中**

2 両手で床を押して背中を丸める

おへそを
のぞき込む。

3 顔を上げ背中を反らす

回数：5回

ココを意識
▶背中

3秒で丸め、
3秒で反らす

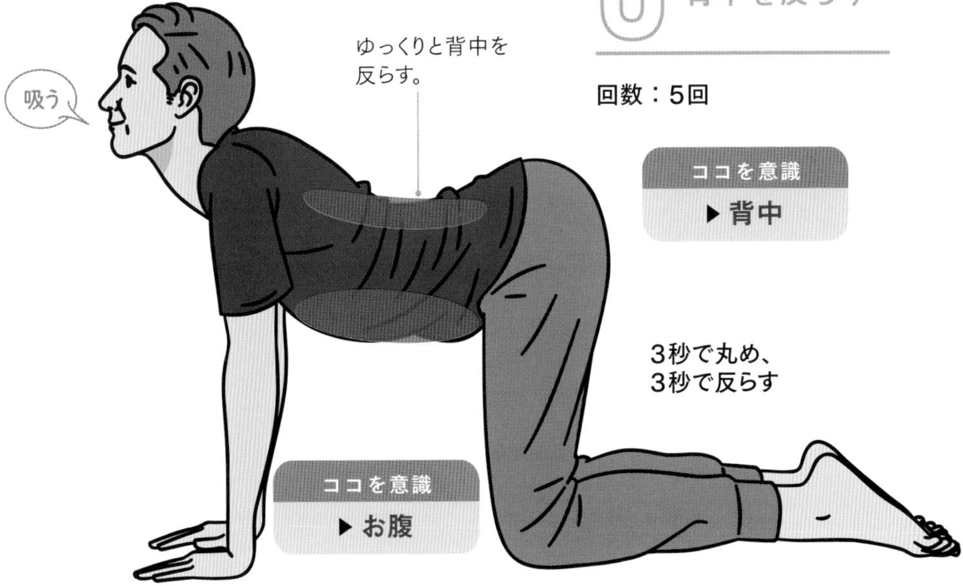

合わせてやってみよう

足指トレーニング

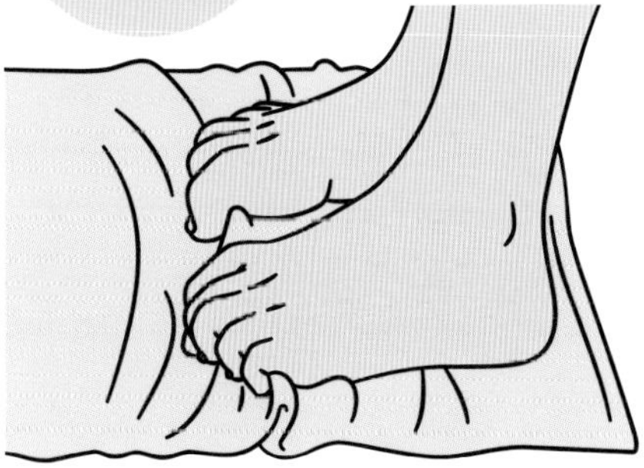

地面をしっかりつかんで歩くためには足指の動きがとても重要。指を全部広げたり、親指だけを上げたりして動かしてみて。

POINT

床に置いたタオルを足の指で引き寄せる運動は、テレビを見ながらでもOK。

そのほかにも p.138 ～ 143 で紹介

シニア向けの体幹トレーニング

体幹トレーニングで体の中に軸ができれば、転ばないことはもちろん、内臓機能も高まるため健康寿命を延ばすことにつながる。

①片ひざ上げ

1 仰向けになり両ひざを立てる

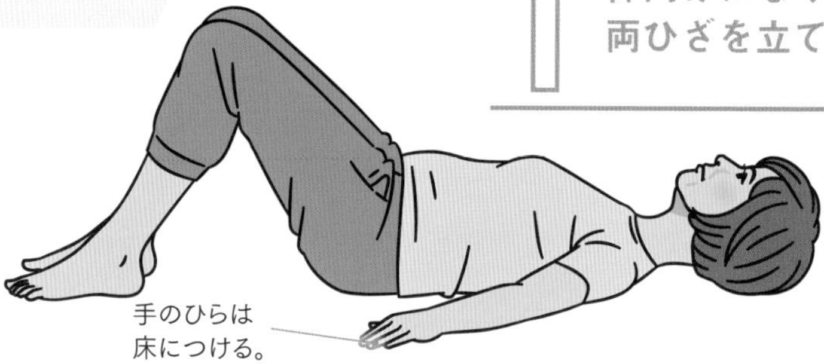

2 右ひざを胸に引き寄せ、頭を持ち上げる

回数：左右各5回

脚を入れ替えて同様に行う

ココを意識

▶ **お腹から太もも（前）**

②椅子かけスクワット

1 椅子に腰かけ 両手を前に伸ばす

2 背筋を伸ばしたまま ゆっくり立ち上がる

回数：10回

ココを意識
▶太もも（前）

ココを意識
▶お尻

③背筋を鍛える

1 右手で椅子の背もたれを持ち、左の腕を斜め前に下ろす

ココを意識

▶背中

2 左腕を斜め後ろにゆっくり伸ばす

3　左腕を前方へ戻し肩の高さまで伸ばす

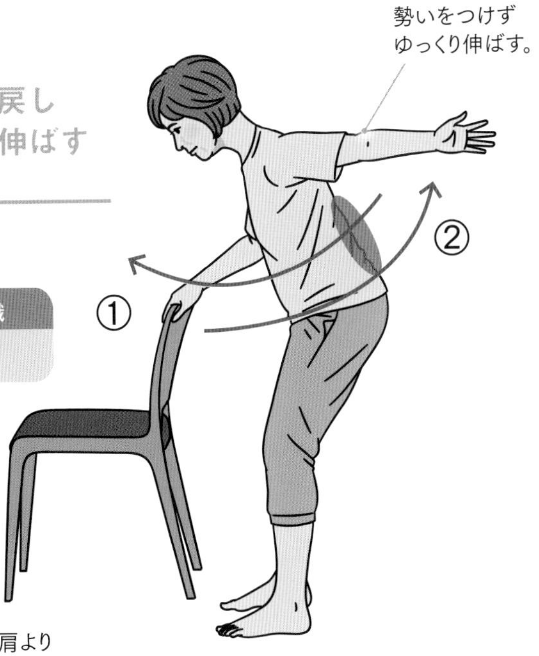

ココを意識

▶背中

4　左腕を前方へ戻し斜め上の後方へ伸ばす

回数：左右各 10 回

ココを意識

▶背中

腕を入れ替えて
同様に行う

TRAINING
トレーニング

シニア向けの下半身バランストレーニング

下半身を鍛えることで、ブレない体を作る。また、脚の上げ下げを楽にする、姿勢をよくするなどの効果もあるので、気がついたときに挑戦を。

①壁つき片ひざ上げ

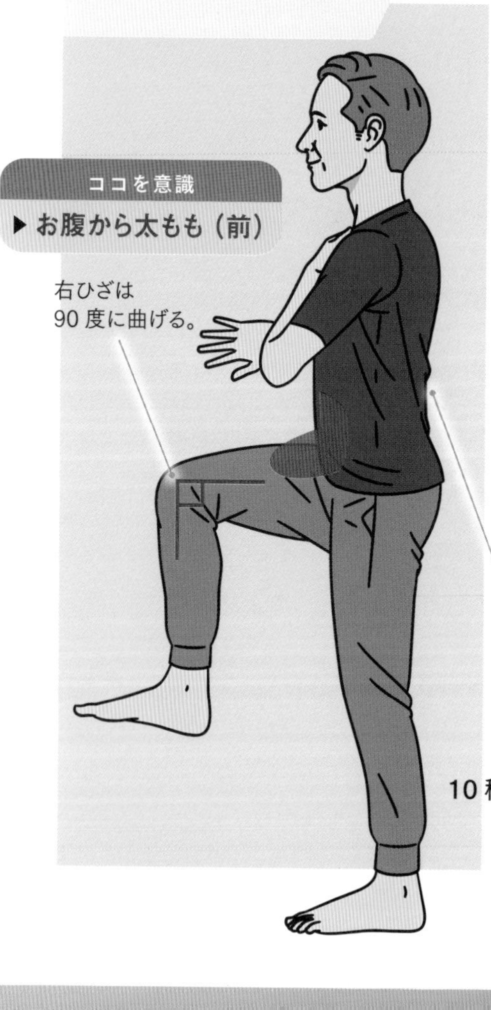

右手を壁に当て
右ひざを上げる

正面

手と脚を入れ替えて
同様に行う